Volker Friebel

Kinder entdecken die Langsamkeit

Musikalisch-spielerische Förderung von Konzentration, Achtsamkeit und Wohlbefinden

Illustrationen: Annie Meussen

Ökotopia Verlag, Münster

Impressum

Autor Volker Friebel
Illustratorin Annie Meussen
Satz Hain-Team, Bad Zwischenahn
Notensatz Ja.Ro-Music, Taunusstein
ISBN 978-3-86702-062-6

Produzent Tonträger Ralf Kiwit

1 2 3 4 5 6 7 8 · 13 12 11 10 09 08

Die beiliegende CD enthält alle Lieder aus dem Buch zum Mitsingen, Nachspielen und Zuhören.

Inhalt

Vorwort

Wer langsam schlendert, sieht am meisten von der Landschaft.
(Englisches Sprichwort)

Wir werden ruhiger in der Natur, Puls und Bewegungen verlangsamen sich beim Gang über Wiesen oder am Waldbach, unsere Stimmung hellt sich auf. Ein Hinweis darauf, dass die Geschwindigkeit unseres Lebens unnatürlich hoch geworden ist, dass sie künstlich beschleunigt wurde und sich von der Mitte unserer Möglichkeiten und Bedürfnisse entfernt hat.
Wir haben beides in uns, die Eile wie auch die Langsamkeit und mit ihr Genauigkeit, Konzentration, Tiefe. Und beide haben ihre Berechtigung. Aber die Langsamkeit wird wenig geachtet, die Hast will im Alltag alles erfassen.

Mit den Beiträgen dieses Buches, mit den Spielen, Geschichten und Liedern, wollen wir deshalb die Langsamkeit unterstützen. Unsere Beschäftigung mit der Langsamkeit soll nützlich sein, gut für Konzentration, Wohlbefinden und Gesundheit. Dass sie auch Spaß macht, werden wir zusammen erfahren.

Volker Friebel

Einführung

Der Weise scheint in seinem Handeln langsam und ist doch schnell, er scheint zögernd und ist doch geschwind: weil er auf die rechte Zeit wartet.
(Lü Bu We, chinesischer Kaufmann und Politiker, um 300-235 vor der Zeitrechnung)

Zeit der Natur – Zeit des Geldes

Die Zeit der Natur ist ein Kreis: Auf Frühling folgt Sommer, folgt Herbst und folgt Winter - und wieder der Frühling.
Die weitaus meiste Zeit unserer Geschichte haben wir Menschen ganz selbstverständlich diesen Rhythmus der Jahreszeiten gelebt. Das Leben des Jägers und Sammlers oder des Ackerbauern orientierte sich daran. Auch das Kirchenjahr mit seinen immer wiederkehrenden Ritualen und Festen folgt der Naturzeit. Denn die Zeit der Natur ist nah am Erleben der Menschen, wir nehmen sie unmittelbar wahr: über die Färbung der Blätter, das Ziehen der Wolken, den Regen und das Tänzeln der Schneeflocken. Und die Naturzeit gibt Sicherheit; die Zukunft scheint berechenbar. Auch in der Not wissen wir, dass es wieder besser werden wird; nach dem harten Winter folgt wieder ein Frühling.
Zeit zu sparen, ist in einer solchen Welt unsinnig. Der Frühling kommt deshalb nicht früher. „Arbeitszeit“ und „Freizeit“ als solche gibt es nicht, denn Arbeit und Freizeit gehen in der Naturzeit untrennbar ineinander über. Wer schneller arbeitet, hat deshalb nicht mehr Freizeit. Es gibt zu erledigende Aufgaben, und gesungen wird nicht nach der Arbeit im Chor oder in der Kneipe, gesungen wird etwa bei der Ernte auf dem Feld. Das gibt Kraft, stärkt den Zusammenhalt und gleicht den Arbeitsrhythmus an.
Das heißt nicht, dass es keine Eile gäbe - selbstverständlich muss das Heu möglichst vor dem aufziehenden Gewitter eingefahren werden. Die Eile ist aber immer aufgabenbezogen, mit der erledigten Arbeit endet sie.
Wenn Stress heute ein Problem geworden ist, dann deshalb, weil die Stress-Reize *fortlaufend* bestehen, weil die Alarmreaktionen unseres Körpers nicht zur Ruhe kommen. Es ist nicht mehr die *eine* Aufgabe, die *eine* Herausforderung, die eine gewisse Zeit Stress auslöst, es sind die Lebensumstände, die ganze Organisation unseres Lebens. Es ist chronisch knappe Zeit, chronisch gewordene Eile.

Seit dem Mittelalter versucht der Mensch sich von der Naturzeit abzukoppeln. Er hat sich dem linearen Fortschritt verschrieben,

der Verheißung des Neuen. Er möchte ausbrechen aus dem Kreis, aus der zyklischen Immerwiederkehr des Gleichen, aus der Abhängigkeit von der Natur.
Als Erste haben die Kaufleute eine andere Zeitvorstellung eingeführt, haben versucht Zeit zu sparen, Waren schneller und zuverlässiger, unabhängiger von Zeit und Umständen auf den Markt zu bekommen. Den Kunden konnte das recht sein, denn sie hatten zunächst nur Vorteile davon. Die Veränderungen, die Beeinträchtigungen des ganzen übrigen Lebens, waren schleichend.
Zuerst zeigten sie sich dort, wo der Einfluss der Kaufleute besonders groß war: in den Städten. Dort wurden Uhren eingeführt und gaben einen neuen, künstlichen Takt vor, der immer gleich ist, und unerbittlich von den Menschen immer das Gleiche verlangt – ob die Sonne nun früh aufgeht oder spät, ob der Hahn kräht oder noch schläft.
Mit dem Ticken der Uhren-Rädchen hat die allgemeine Beschleunigung begonnen. Arbeit, und in ihrem Gefolge alle Tätigkeit des Menschen, wurde vor dem Zeitalter der Uhren aufgabenbezogen verstanden und damit mal schnell und mal langsam erledigt, mit Gesprächen dazwischen und freiem Raum. Nun wurde sie zunehmend taktorientiert und der Berechnung ausgesetzt, dem Gewinnstreben, der zunehmenden Beschleunigung – von der wissenschaftlichen Betriebsführung, die Ende des 19. Jahrhunderts mit Stoppuhr und Arbeitsplatzanalysen jede Körperbewegung ganz auf die erforderliche Arbeit hin einrichtete, bis 1913 zum Fließband.

Die Beschleunigung hat inzwischen alles erfasst: die Transportwege, die Arbeit, auch viele Themen der Freizeit wie den Sport oder sogar die Musik – aber es gibt interessante Unterschiede. Untersuchungen zeigen etwa eine größere Eile der Städter im Vergleich zu Menschen auf dem Land. Oder umgekehrt: Die Menschen werden langsamer, wenn sie näher an der Natur sind. Heißt das dann nicht, dass unser Tempo unnatürlich geworden ist? Die Vielzahl an psychosomatischen Beschwerden, an Auffälligkeiten im Verhalten, an psychischen Problemen selbst schon bei Kindern – sie haben auch mit dieser fortwährenden Überforderung zu tun, mit dem andauernden Alarmzustand, in dem wir leben.

Kinder und Zeit

Wenn wir kleine Kinder beobachten, finden wir diese nicht in der Zeit unserer Uhren, sondern in der Naturzeit. Kinder können schnell sein - aber immer ist es bezogen auf eine bestimmte Aufgabe, etwa wer zuerst am Zaun ist oder wenn es gilt, sich zu verstecken. Ohne eine konkrete, ihnen einleuchtende Aufgabe, sind sie langsam.

Jeder kennt das: Wir wollen spazieren, wir haben uns schon einen Rundweg ausgedacht, sind ihn abgelaufen und wissen um die benötigte Zeit - aber die Kinder werfen alle Pläne über den Haufen: Da ist ein Graben mit Wasser - gibt es Frösche darin? Oder Kaulquappen? Was bewegt sich denn da? Die Erwachsenen treiben die Kinder an: „Kommt doch endlich! Wir müssen um 16 Uhr wieder Zuhause sein!" Sie kennen den zu bewältigenden Weg, sie haben ihre Pläne. Kinder dagegen lassen sich ganz von aktuellen Reizen um sie herum beeindrucken und wenden sich ihnen uneingeschränkt zu.

Aus Kindern werden Erwachsene. Das ist ein Gewinn - und ein Verlust. Wie gelingt ein Spagat zwischen den vernünftigen Plänen mit ihrem Zeitdruck und dem erfüllten Leben im Augenblick? Manche Erwachsene behalten etwas vom Kind in sich. Menschen, die verstehen, dass das Verlorene wichtig ist, die etwas von der Naturzeit behalten, bewahren wollen - aber sich gleichzeitig der Entwicklung um sie herum nicht verschließen und in der Zeit der Uhren zu leben gelernt haben.

Dennoch haben Stress und Hektik in viele Lebensbereiche, schon in die ersten Schuljahre, selbst in den Kindergarten Einzug gehalten - mit all ihren Begleitern. Die Fahrigkeit, Hibbeligkeit, Unkonzentriertheit vieler Kinder, auch die zunehmenden gesundheitlichen Beschwerden psychosomatischer Natur kennt jeder, der mit Kindergarten oder Schule zu tun hat. „Kassiopeia" heißt die Schildkröte in Michael Endes nicht hoch genug einzuschätzendem Buch „Momo". Vielleicht brauchen wir auch so eine Schildkröte, die uns den Weg zeigt, der heilt.

Mit der Beschleunigung im Tagesablauf der Kinder einher geht ein Verlust an Struktur. Wenn immer mehr immer schneller erledigt werden muss, geht leicht die Übersicht verloren. Der Tag von Kindern ist heute einerseits sehr viel verplanter, andererseits für sie weit weniger überschaubar. Das entspricht ganz der Entwicklung in der Welt der Erwachsenen. Und Kinder lernen aus ihrer Umgebung: Wenn Strukturierung nicht im wünschenswerten Ausmaß dazugehört, gelingt auch ihnen nicht mehr der Aufbau eigener Strukturen der Selbstorganisation und Selbstkontrolle.

Aber Kinder wollen Struktur, sie suchen danach. So werden sie leicht abhängig von Fernseher und Computerspielen mit ihrer zweidimensionalen, wenig die Breite und Vernetzung der Sinnesorgane ansprechenden, einerseits stimulierenden, andererseits passiv machenden Unterhaltung. Während die Hand am Feuerknopf allerdings sehr aktiv ist, bleibt der ganze restliche Körper passiv, aber höchst angespannt.

Die Abenteuer am Bildschirm sprechen den Bewegungsdrang an: Wir möchten mit den Kindern dort rennen oder in die geheimnisvolle Höhle schleichen, bleiben aber im Sessel sitzen. Die Geschwindigkeit der Filme und Animationen, die Bildfolge, ist immer etwas zu schnell, um die Aufmerksamkeit ganz zu fesseln. Etwas zum Mitmachen bieten sie nur den Fingern auf der Tastatur, während der restliche Körper verharren muss - so machen sie kribbelig.

Kinder wollen das Neue, Stimulierende, das die Bilder am Schirm versprechen, aber sie schätzen und brauchen auch das Alte, Immerwiederkehrende, Vorhersagbare und damit Beruhigende. Jeder kennt das vom Gutenachtritual.
Rituale strukturieren Abläufe, erlauben Vorhersagen und geben so die Sicherheit, die das Kind gerade auch braucht, um sich Neuem neugierig und vertrauensvoll zuzuwenden. Zuwendung zu Neuem geschieht aus der Sicherheit des Gewohnten heraus. Wir sollten dieses Sichere, Gewohnte deshalb herstellen und immer wieder bestätigen, mit bekannten Abläufen, regelmäßigen Folgen, Routinen und kleinen Ritualen.
Fehlt den Kindern eine Struktur, kann Ruhe, kann freie Zeit sie sogar erschrecken, können sie Angst davor bekommen - und dann drängen sie in die Ablenkung und leichte Unterhaltung - denn diese bietet ihnen eine Struktur! Aber ihr Charakter ist starr, die Kinder können dieser Struktur nur folgen, sie kann ihnen jedoch nicht helfen, eigene Strukturiertheit zu entwickeln. Stimulation von außen wird für die Kinder zur Ersatz-Struktur für ihre eigene Strukturlosigkeit. Fällt diese Stimulation einmal weg, wird das Kind noch unruhiger.
Das Gestalten von Zeit wird durch Aktivitäten mit wirklichen Menschen, mit echter Interaktion am besten geübt. Nur im lebendigen Hin und Her entwickeln sich eigene Strukturen: im Probieren, im Nachmachen, im Verändern, im Brechen, im neu Entwickeln. Wer hier Zeit verschwendet, gewinnt sie - für die eigene Lebendigkeit und Kreativität!

Aufbau des Buches

Dieses Buch bietet eine Sammlung von Spielen, Geschichten und Liedern, die sich mit Langsamkeit beschäftigen. Einfach nur langsamer zu werden, ist dabei allerdings nicht das Ziel. Denn Schnelligkeit ist gut, Rennen ist gut, Toben ist gut - aber nicht die ganze Zeit. Kinder brauchen auch Ruhephasen, Schnelligkeit muss aufgabenbezogen sein, also auch wieder verlangsamt werden können, und nicht zum Dauerzustand des Hyperaktiven werden, der damit Aufgaben eben gerade nicht mehr bewältigen kann.
Viele der Spiele und Lieder greifen deshalb das Schnelle auf und versuchen es bewusst langsamer zu machen - und wieder schneller. So erhalten Kinder die Möglichkeit, nach und nach ihre Wahrnehmung zu sensibilisieren: Dies ist schnell und das ist langsam. Wie fühlt sich das an? Zuneh-

mend können sie sich so bewusst vom einen zum anderen bewegen, vom Langsamen zum Schnellen, vom Schnellen zum Langsamen, und erweitern dadurch ihr Verhaltens-Repertoire.
Gerade solche Veränderungen sind nicht einfach, Erfolge auf Knopfdruck unrealistisch. Wiederholungen gehören dazu, mit ihrer Sicherheit und Vorhersehbarkeit, die gerade Kinder so lieben. Die Spiele, Geschichten und Lieder sind der Beitrag zu einem Weg, zur Verbreiterung unseres Weges, der zu eng geworden ist.
Je mehr es gelingt, einen Raum für etwas Eigenes zu bieten, das im normalen Trubel zu kurz kommt, umso besser. Je mehr es gelingt, dies zu einer Sache der Kinder selbst werden zu lassen und nicht bloß zu etwas, das mit ihnen gemacht wird, umso besser.
Die Angebote wollen auf das Eigene verweisen, auf einen wichtigen Teil dieses Eigenen, so wichtig wie der Schlaf neben der Wachheit ist. Sie wollen nicht etwas Fremdes überstülpen oder behaupten, wir müssten nun immer schlafen oder pausenlos wach sein.

Die einzelnen Kapitel hängen alle über das Thema Langsamkeit zusammen, können aber durchaus in beliebiger Reihenfolge bearbeitet werden. Auch die einzelnen Angebote setzen nichts Vorhergehendes voraus, sondern können fast beliebig herausgegriffen werden, so wie sie in die eigene Situation passen. Sinnvoll ist allerdings das Lesen der Kapitel-Einführungen. Das kann die Durchführung der Spiele und Übungen erleichtern, die eigenen Erwartungen hinterfragen und die Einbettung des praktischen Teils verbessern.
Ob nun spontan, in Zusammenhang mit Projekten oder Thementagen oder regelmäßig eingesetzt - die Spiele und Übungen werden ihre Wirkung entfalten. Je mehr sie den Weg in den Alltag finden, umso besser.

Das Kapitel **„Innehalten: Sehen, Hören, Spüren“** enthält Beiträge zur Sensibilisierung unserer Wahrnehmung. Die Konzentration auf die Wahrnehmung verlangsamt, deshalb ist sie ein guter Einstieg in unser Thema.
Das Hauptkapitel **„Schnell und langsam“** beinhaltet zahlreiche Spiele, Lieder und Geschichten zum Thema. Die Kinder richten ihre Aufmerksamkeit auf die Unterscheidung von Schnelligkeit und Langsamkeit, singen mal so schnell wie möglich, mal im Schneckentempo oder ruhen sich bei Fantasiereisen aus.
„Vielfalt und Tiefe“ beschäftigt sich mit der Vielfalt um uns herum, aus der wir auswählen müssen, um uns auf eines richtig zu konzentrieren. Denn die ansonsten durchaus wünschenswerte Vielfalt führt oft zu Verwirrung und Hektik.
Und zuletzt geht es in **„Struktur und Alltag“** um die Auseinandersetzung damit, wie wir die Strukturen in unserem Alltag mehr in Richtung Langsamkeit und Beruhigung verändern können.

Wir haben eine Vielzahl von Anregungen und Materialien zur Beschäftigung mit Langsamkeit, Konzentration und Struktur vor uns. Die folgende Geschichte gibt uns noch eine Feder dazu.

Die Hacke

Die alte Frau und das Kind gehen den Weg durch die Streuobstwiesen. Manchmal springt das Kind voraus, manchmal geht es neben der Frau. In der einen Hand hält es die Hacke der Alten, mit der anderen hat es ihre freie Hand gefasst, und erzählt, während die Füße den Weg schon finden.

Der Weg steigt sanft den Hang hinauf und geht hinein in den Wald. Am Waldrand, ein Stück neben dem Weg, hat sich die Frau auf einer Bank niedergelassen. Die Hacke lehnt neben ihr. Ihre Augen sind in der Sonne geschlossen. Das Kind spielt in den Wiesen, bläst auf einem gepflückten Halm und singt mit den Vögeln.

Einmal hat ein Mann die Alte entdeckt und ruft sie an: „Schöner Tag", ruft er vom Weg herüber. Die Alte richtet sich etwas auf und fasst nach der Hacke. Sie nickt ihm zu, lächelt. Sie plaudern ein wenig.

Als er weitergegangen ist, fragt das herbeigesprungene Kind. „Warum hast du eigentlich immer die Hacke dabei, wenn wir zu unserem Platz gehen, Oma?"

Die Alte streicht sich eine Haarsträhne aus dem Gesicht und antwortet: „Damit die Leute nicht denken, ich ginge müßig."

„Was ist ‚müßiggehen'?" fragt das Kind.

„Wenn wir einfach so in den Wiesen sind, ohne etwas zu tun zu haben", sagt die Großmutter, „nur weil es schön ist."

Das Kind nickt. Es hat viel zu tun gehabt in den Wiesen. Und es hat eine Feder gefunden. Schwarz und weiß ist sie, die Feder einer Elster. Die zeigt es der Großmutter. Die Feder ist schön.

Innehalten: Sehen, Hören, Spüren

Geh langsam. Du kommst doch immer wieder nur zu dir selbst.
(Orientalisches Sprichwort)

Natur beruhigt und verlangsamt. Unsere Rhythmen und unser Zeitempfinden sind aber von der Beschleunigung der menschlichen Gesellschaft geprägt, auch schon bei den Kindern. Kontakt mit der offenen Natur, mit Bäumen, Wiesen und Feldern kann dieses veränderte Empfinden etwas korrigieren und langsamer, ruhiger werden lassen.
Der Aufenthalt in der Natur mit offenen Ohren und Augen für sie ist hierfür am wichtigsten. Aber auch im Haus können wir uns in diese Richtung bewegen, mit Stillemomenten oder kleinen Spielen zum bewussteren Erleben von Sinneswahrnehmungen. Wichtig ist ihr häufiger Einsatz: Die vielen *kleinen* Momente verändern unser Empfinden, nicht so sehr der eine große.
Stillemomente können fast immer und überall einfach in den Alltag eingeflochten werden, als ein Innehalten und Achten auf die Stimme der Natur und der Langsamkeit. Und als ein Entdecken, dass diese Stimme auch in uns ist. Stillemomente tragen auch zum bewussteren Erleben bei: Wir halten inne bei dem, was wir gerade tun, etwa draußen beim Spazierengehen, einfach stillstehen und lauschen. Oder während eines Spiels. Oder während einer Arbeit. Wir machen den Alltag zu etwas Besonderem. Während die Suppe kocht und jemand weiterhin aufpasst und umrührt, haben wir anderen die Augen geschlossen und lauschen, wie sich der Herd (und der Koch) anhören und was sonst noch alles zu hören - und zu riechen - ist.

Konzentration auf die Sinne erweitert die Welt, macht sie bunter, wir nehmen sie vielfältiger wahr. Fast immer führt es zu einer Beruhigung, Verlangsamung, selbst wenn die Situation sonst eher laut und schnell ist. Ruhiger, langsamer, klarer, das sind Richtungen, in die uns Konzentration führt, auch schon ein einfaches Innehalten, ein Lauschen und Merken.

Aber viele Kinder – oder eher Erwachsene *über* ihre Kinder – klagen, sie könnten sich nicht konzentrieren. Dabei kann jeder lauschen. Manche weniger lang als andere. Aber grundsätzlich ist Lauschen etwas, das allen Kindern möglich ist.
Beim Lösen einer Rechenaufgabe ist zwar auch Konzentration gefragt, hier aber kann sich der Blutdruck erhöhen, Unruhe und Aufgeregtheit können einsetzen. Warum, wenn Konzentration doch eher ins Ruhige und Langsame führt? Weil wir beim Lösen einer Aufgabe versagen können. Hier kommen Ängste auf und Stress entsteht. Und das treibt genau in die andere Richtung, ins Schnelle, Aufgeregte. Ursprung sind unsere Gedanken – würden wir etwa Noten beim Innehalten verteilen: Wer kann es am besten? Wer nennt die meisten Dinge?, dann brächte auch Innehalten Stress und Ängste mit sich und unser Blutdruck würde steigen.

Die Aufmerksamkeit auf eine Aufgabe zu richten kann also beruhigen und den Geist klären. Kommen aber irgendwie Stress oder Ängste ins Spiel, etwa wenn ein Kind erwartet, geprüft zu werden, kann genau das Gegenteil eintreten. Wenn Kinder Probleme mit dem Innehalten haben, lohnt es sich, danach zu schauen, ob solche Befürchtungen eine Rolle spielen und wir sie ihnen nehmen können.

Die folgenden Übungen ermöglichen die Konzentration auf uns selbst, auf Dinge um uns herum und das Öffnen aller Sinne. Beginn und Ende können etwa mit einer Triangel verdeutlicht werden. Meist ist es hilfreich, wenn dabei die Augen geschlossen sind. Wir kündigen vorher an: *„Am besten, ihr schließt die Augen, dann könnt ihr besser lauschen. Wer die Augen nicht schließen möchte, lässt sie offen und lauscht dafür besonders gut."*

Geräusche hören

Material: Gong oder Triangel

Die Spielleitung öffnet das Fenster, die Gruppe sitzt mit geschlossenen Augen im Kreis. Nach einem Gong-Signal lauschen alle ein oder zwei Minuten lang gemeinsam, was alles zu hören ist, drinnen und draußen. Nach einem zweiten Signal sprechen die Kinder darüber. Sie sammeln einfach, was zu hören war - und wundern sich wahrscheinlich, wie viel es ist.

Varianten

- Die Kinder lauschen nur auf bestimmte Geräusche. Vorgegeben kann etwa sein: Geräusche von Motoren oder Naturgeräusche oder sie lauschen eine Weile dem Regen und seinen Veränderungen.
  Anschließend sprechen sie mit der Spielleitung darüber, was sie gehört bzw. wie sie das empfunden haben. Auch beim Landregen gibt es durchaus einiges zu erzählen! Genau um solche Sensibilisierungen geht es.
- Die Kinder merken sich nur das Lauteste, was zu hören war, und das Leiseste. Im Gespräch geht es auch um die Frage, wie laut die Dinge für sich genommen waren: Das ferne Flugzeug wurde vielleicht als Leisestes genannt und der Vogel direkt vor dem Fenster als Lautestes - aber aus gleicher Entfernung wäre das Flugzeug natürlich sehr viel lauter gewesen als der Vogel ...

In die Erde lauschen

Die Kinder legen sich im Garten ins Gras, mit einem Ohr an der Erde, und lauschen. Vielleicht hören sie Geräusche in der Erde? Wo kommen sie genau her? Was für Geräusche sind es?
Ein Kind aus der Gruppe geht vorbei, hüpft und stampft auf. Je nach Bodenbeschaffenheit kann das sehr unterschiedlich wirken. Die Kinder wechseln sich dabei ab. Erzeugen verschiedene Kinder unterschiedliche Geräusche beim Gehen oder Hüpfen?

Eine Minute schätzen

Material: Uhr mit Sekundenzeiger, Triangel

Die Kinder setzen sich im Kreis zusammen und schließen die Augen. Die Spielleitung setzt sich mit der Uhr zu den Kindern im Kreis und schlägt eine Triangel an: Ab jetzt läuft die Zeit. Wer glaubt, die Minute sei vorbei, öffnet die Augen, verhält sich aber ganz ruhig, bis alle die Augen geöffnet haben. Erst dann klingt die Triangel von Neuem und beendet den stillen Teil.
Die Spielleitung gibt an, nach wie vielen Sekunden das erste Kind die Augen geöffnet hat und nach wie vielen das letzte. Dabei sollte die Betonung darauf liegen, wie unterschiedlich lang wir eine Minute erleben, nicht darauf, dass ein Kind etwas falsch gemacht hat.
Die Spielleitung spricht mit den Kindern darüber, dass die Zeit mal ganz schnell und mal ganz langsam zu vergehen scheint. Wer findet Beispiele dazu?

Steine tasten

Material: (Kiesel-)Steine, Triangel

Die Kinder haben Steine mitgebracht, vielleicht von einem gemeinsamen Spaziergang. Kiesel etwa sollen es sein, die bequem in die Hand passen, aber auch nicht zu klein sind.
Alle Kinder stellen sich mit jeweils einem Stein im Kreis auf. Auf ein Triangel-Signal schließen sie die Augen und befühlen ihren Stein ganz genau. Wie fühlt er sich von außen an? Und können sie vielleicht sogar die Stille oder die Kraft im Stein spüren? Nach einiger Zeit erklingt die Triangel erneut: Die Kinder öffnen die Augen, geben den Stein nach rechts weiter und erhalten von links einen anderen. Wieder hören sie das Signal und befühlen den neuen Stein. So geht es einige Runden lang. Dann legt jedes Kind seinen Stein vor sich in die Mitte und die Kinder unterhalten sich über die Eigenarten der jeweiligen Steine. Wie haben sie sie empfunden? Konnten sie etwa die Stille oder die Kraft in den Steinen wahrnehmen?

Variante

Anschließend an das Gespräch gibt es einen zweiten Durchgang, bei dem die Steine mit geschlossenen Augen deutlich schneller herumgegeben werden. Die Kinder spüren dabei nicht in den Stein hinein, sondern befühlen ihn nur von außen. Wer glaubt, seinen Ausgangsstein wiederzuerkennen, dass also eine Runde vorbei ist, hebt die Hand mit seinem Stein in die Luft. Die Spielleitung bestätigt oder sagt: *„Noch nicht."*

Verklingender Ton

Material: Klangschale o. Ä.

Die Kinder setzen sich im Kreis bequem auf den Boden und schließen die Augen. Die Spielleitung schlägt in der Mitte des Kreises eine Klangschale an. Die Kinder lauschen auf den Ton: darauf, wie er verklingt und wie lange er klingt. Wer nichts mehr hört, öffnet die Augen.
Haben alle Kinder die Augen geöffnet, reden sie über den Ton. Klar, er war erst laut und wurde dann immer leiser. Aber hat er sich auch sonst noch verändert? Wie hat das auf sie gewirkt? Wie haben sie den Ton empfunden?

Sei schnell beim Hören und langsam beim Sprechen.
(Sprichwort)

Auf dem Seil

Material: 1 langes Seil

Die Spielleitung legt ein langes Seil gerade auf den Boden. Ein Kind wird zum Seiltänzer: Es soll vom einen Ende bis zum anderen über das Seil balancieren ohne danebenzutreten, und zwar in Strümpfen oder barfuß, um an den Fußsohlen das Seil besser empfinden zu können. Die Zeit spielt keine Rolle, es soll im Gegenteil eher langsam sein, um Zeit für das Spüren des Seils zu haben.
Ein anderes Kind oder mehrere Kinder, solange es nicht zu unübersichtlich wird, gehen neben dem Seiltänzer auf dem normalen Boden her, allerdings genauso langsam und vorsichtig wie der Seiltänzer. Anschließend tauschen die Kinder die Rollen.
Wenn jeder einmal auf dem Seil und einmal nebenher gelaufen ist, reden die Kinder mit der Spielleitung darüber und berichten ihre Erfahrungen, wie es sich angefühlt hat und ob das Gehen mit oder ohne Seil leichter war.

Wer hat das Glöckchen?

Material: 1 Glöckchen

Ein Kind wird aus dem Raum geschickt. Die anderen Kinder stellen sich mit einigem Abstand und Blick zur Türe auf und verstecken die Hände hinter dem Rücken. Ein Kind bekommt ein Glöckchen, behält es aber hinter dem Rücken.
Das Kind von draußen wird hereingerufen und bleibt in der Tür stehen. Ab und zu lässt das Glockenkind ganz kurz das Glöckchen ertönen. Das Kind in der Tür rät, wer die Glocke hat.
Am Ende geht ein anderes Kind vor die Tür und das Spiel beginnt mit einem neuen Glockenkind von vorn.

Variante

Nach jedem Klingeln, bei dem nicht erraten wird, wer das Glöckchen hat, schließt das ratende Kind kurz die Augen, während das Glockenkind das Glöckchen hinter dem Rücken an ein anderes Kind weitergibt. Aber Vorsicht, dass die Bewegungen beim Weitergeben das Glöckchen nicht verraten!

Stecknadel hören

Material: Stecknadel, Triangel

Die Spielleitung fragt, wer die Redewendung kennt: „Es ist so still, dass man eine Stecknadel fallen hören kann." Sie zeigt eine Stecknadel vor und fragt, ob diese wohl wirklich zu hören ist, wenn sie zu Boden fällt.
Als Test schließen die Kinder ihre Augen. Erst erklingt eine Triangel, zum Zeichen, dass nun irgendwann die Stecknadel fällt. Dann lässt die Spielleitung sie fallen. Die Triangel erklingt ein weiteres Mal und alle öffnen die Augen. Es folgt ein Gespräch darüber, wer die Stecknadel fallen gehört hat.
Die Kinder wiederholen den Test auf verschiedenen Böden: Holz, Teppich, Linoleum ...
Hinweis: Normalerweise werden die Kinder recht ruhig und die Stecknadel ist gut zu hören. Meist muss der Untergrund sehr weich sein, z. B. gedämpft durch ein Kleidungsstück auf dem Boden, bis die Stecknadel nicht mehr zu hören ist.

Papiergespräch

Material: Papier

Zwei Kinder nehmen je ein Blatt Papier in die Hände. Sie knüllen das Papier so, dass es Geräusche gibt: Das ist das Papiergespräch.
Bei einem Gespräch ist zu beachten, dass immer nur einer redet, sonst gibt es ein Durcheinander. Und ein Gespräch kann freundlich sein, langweilig, wütend, witzig, langatmig, abgehackt - oder zwischen allem wechseln.
Die Spielleitung stellt den Kindern drei Alternativen für ein Gespräch, das sie mit dem Papier nachspielen sollen, z. B.:

- ein Streit um Spielsachen
- ein Gespräch zwischen Mutter oder Vater und einem Kind, das sich das Knie aufgeschlagen hat
- ein gelangweiltes Gespräch im Bus.

Alle Paare einigen sich auf eine Szene, proben kurz miteinander und führen sich die Szenen gegenseitig vor. Zum Abschluss verbeugen sie sich voreinander und die anderen raten, welche Szene sie gesehen haben.

Reise durch den Körper

Eine Übung zur Sensibilisierung für den eigenen Körper.

Material: 1 Decke pro Kind

Alle Kinder suchen sich einen bequemen Platz auf dem Boden und legen sich auf dem Rücken auf eine Decke. Die Arme liegen neben dem Körper, die Beine sind nicht überkreuzt: So haben sie das beste Körpergefühl. Die Kinder schließen zusätzlich die Augen, um ihre Vorstellungskraft und Konzentration zu unterstützen.
Sie begeben sich mit der Spielleitung auf eine Reise durch ihren Körper. Die Spielleitung trägt dazu den folgenden Text nicht so schnell wie eine Geschichte vor, sondern lässt viele Pausen (***), damit die Kinder genügend Zeit haben sich alles vorzustellen.

*„Stell dir einen Zaubervogel vor, der durch deinen Körper fliegt. Er beginnt seinen Flug in deiner Hand. *** Stell dir vor, wie er seine weiten Schwingen ausbreitet und durch deine Hand hochzufliegen beginnt. *** Überall, wo er durchkommt, wird alles ganz ruhig und gut. *** Der Vogel fliegt durch deinen Arm und verbreitet mit jedem Flügelschlag Ruhe. *** Der Vogel fliegt durch deine Schulter und macht mit jedem Flügelschlag alles ruhig. *** Und weiter fliegt der Vogel, deinen Körper hinunter, durch deinen Bauch. Und überall verbreitet er Ruhe um sich. *** Der Vogel fliegt dein Bein hinunter, immerzu Ruhe um sich verbreitend, bis in den Fuß hinein. Die Ruhe wirbelt bis in deine Zehen. *** Der Vogel fliegt das Bein wieder hoch und das andere Bein hinunter. Überall, wo er mit seinen langsamen Flügelschlägen durchkommt, vergrößert er die Ruhe noch weiter. ****

*Der Vogel fliegt auch das zweite Bein wieder hoch und weiter nach oben durch deinen Körper, den Rücken hinauf. *** Überall vergrößert er die Ruhe noch mehr. Achte auf seine langsamen Flügelschläge, und achte darauf, wie die Ruhe immer noch zunimmt. *** Der Vogel fliegt durch deine andere Schulter und macht mit jedem Flügelschlag alles ganz ruhig. *** Der Vogel fliegt deinen anderen Arm hinab und vertieft mit jedem Flügelschlag die Ruhe noch mehr. *** Der Vogel fliegt durch deine Hand und vertieft dort die Ruhe noch mehr. *** Er verlässt deine Hand und verschwindet langsam, mit ruhigen Flügelschlägen in der Ferne. Die Ruhe aber bleibt in dir zurück. ****

*Achte auf die Ruhe überall in dir. Achte darauf, wie sie immer noch tiefer wird. ****

*Und dann öffne wieder die Augen. Öffne die Augen und reck und streck dich ein bisschen. *** Wir setzen uns auf und erzählen über den Flug des Vogels."*

Varianten

Je nach den Vorlieben der Kinder können sie die Reise auch in einem U-Boot durch die Blutadern, in einem Flugzeug oder in einem Blutkörperchen machen.

Schnell und langsam

Wer schnell ans Ziel will, muss langsam gehen.
(Sprichwort)

Wenn Langsamkeit eine Kunst ist, beherrschen die Schnecken sie besser als wir Menschen. Wir möchten trotzdem nicht mit ihnen tauschen.
Kinder wollen toben und sollen das auch. Kinder wollen schnell sein, der Erste beim Rennen zum Gartenzaun. Kinder wollen allerdings auch trödeln, sie wollen die Weinbergschnecke bestaunen, wollen beobachten, wie die eingezogenen Fühler wieder aus dem Haus herauskommen, auch wenn die Erwachsenen längst weiterdrängen.
Wichtig ist, beides zu kennen und zu können, das Langsame und das Schnelle, und zwischen beidem wechseln zu können. Und dabei zu wissen: Jetzt bin ich schnell – jetzt bin ich langsam!
Dazu brauchen wir den Vergleich und die Erfahrung. Wenn wir mal schnell und mal langsam sind, wenn wir beides vergleichen, wird mit der Zeit beides zu unserem Eigenen, wir können es besser kontrollieren und bewusst auswählen.
Genau darum geht es. Was unangenehm auffällt, was stört, ist, wenn Kinder – oder auch Erwachsene – nicht von ihrer Geschwindigkeit herunterkommen. „Überdreht" meint, dass die Geschwindigkeit nicht zum Singen passt oder zum Gespräch miteinander. Bei anderer Gelegenheit, etwa beim Fußballspielen oder beim Rennen, wäre das so durchaus gut.
Es geht also nicht darum, immer langsam und ruhig zu sein, sondern darum, auch mal langsam und ruhig werden zu *können*.
Gleichzeitig müssen Kinder regelmäßig Gelegenheit bekommen, ihren Bewegungsdrang auszuspielen. Sonst staut sich dieses Bedürfnis in unguter Weise und zeigt sich besonders bei ruhigen Gruppenangeboten. Ausreichend Bewegung zu haben ist eine Voraussetzung dafür, langsam und ruhig sein zu können. Kinder brauchen Bewegung – und sie brauchen Raum für langsame, ruhige Verhaltensweisen. Das widerspricht sich nicht, es ergänzt sich.

Die folgenden Spiele und Lieder beschäftigen sich mit „schnell" und mit „langsam". Wir probieren beides aus und beschäftigen uns mit den damit verbundenen Empfindungen, wir verändern in die eine und in die andere Richtung.
Bei diesen Gelegenheiten können wir uns auch am Rande eines Spiels mit den Kindern über „langsam" und „schnell" unterhalten. Weniger Wissensvermittlung ist dabei das Ziel als vielmehr Anregung zur Beobachtung und zum Ausprobieren. Welche Dinge sind schnell, welche sind langsam? Welche sind mal das eine und mal das andere? Wie fühlt es sich an, selbst schnell zu sein, etwa zu rennen? Was merken wir dabei an unserem Körper? Kön-

nen wir immer nur schnell sein? Wie fühlt es sich an, langsam zu sein? Wie reagiert unser Körper? Wie schaffen wir es, schneller zu werden, z. B. wenn wir bei einem Gruppenspaziergang immer zurückbleiben? Wie schaffen wir es, langsamer zu werden, etwa wenn wir zu fahrig sind und alles misslingt, weil wir uns nicht konzentrieren können?

Auch durch das gemeinsame Singen von Liedern lässt sich hervorragend ein Gefühl für unterschiedliche Geschwindigkeiten vermitteln. So werden z. B. Wiederholungen besonders langsam oder besonders schnell gesungen. Oder Verse beginnen, zum Sammeln oder Einstimmen, betont langsam oder klingen mit einer Verlangsamung aus. Die Spiele und Lieder sollten immer wieder mal zum Einsatz kommen, sei es als Projekt oder – ganz wichtig – einfach zwischendurch. So natürlich, wie „schnell" und „langsam" in unserem Alltag sind. Nur so lernen wir, beides in unserem Alltag genauer wahrzunehmen, bewusst zu verändern und zu integrieren.

Weinbergschnecke

Nr. 1

1. Weinbergschnecke, zeig die Fühler,
wander in die weite Welt. (2 ×)
Kätzchen kommt, stupst mich an,
Fühler schnell ins Haus hinein! (2 ×)

Refrain: Da, da, da, da, da, da, da, da, da, da, da, da. (2 ×)

2. Warten, warten, warten, warten,
Kätzchen ist bald fortgesprungen. (2 ×)
Fühler, schaut aus dem Haus:
rote Blumen, Himmelsblau. (2 ×)

Refrain: Da, da, da, da, da, da ...

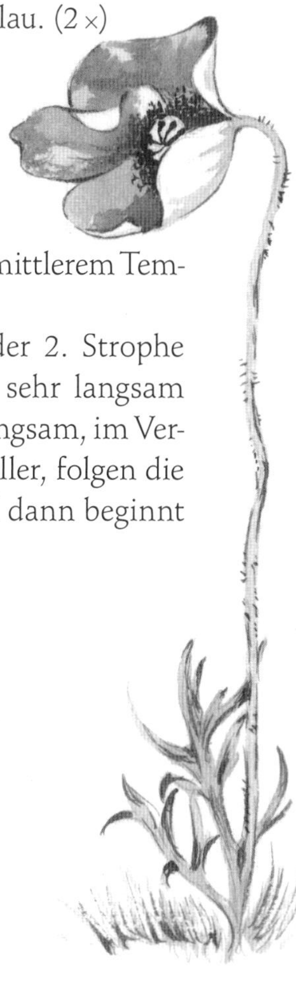

Das Lied kann immer wieder von vorn gesungen werden. Wichtig ist hier die Veränderung der Geschwindigkeit:
Die ersten beiden Zeilen der 1. Strophe und die Wiederholung werden in gemütlichem Tempo gesungen. Ab der dritten Zeile singen die Kinder schneller.

Der Refrain wird immer in mittlerem Tempo gesungen.
Die ersten beiden Zeilen der 2. Strophe werden mit Wiederholung sehr langsam gesungen. Erst noch ganz langsam, im Verlauf aber zunehmend schneller, folgen die dritte und vierte Zeile. Und dann beginnt alles von vorne.

Zappel-Leute

Die Kinder stellen sich vor, sie seien alle ganz unruhige, zappelige, hektische Leute. So gehen alle durch den Raum. Die Spielleitung gibt verschiedene Bewegungsimpulse:
Die Kinder spielen Zappel-Leute bei der Arbeit: Alle denken sich einen Beruf aus und machen dazu passende Bewegungen, aber ganz hektisch.
Die Zappel-Leute treffen sich in der Disco zu einem Zappeltanz: Alle zappeln wild hin und her.
Alle Zappel-Leute werden vor Erschöpfung ganz schlaff und sinken in sich zusammen.

Nun stellen sich die Kinder vor, sie seien ganz ruhige, gelassene Leute. So schlendern alle durch den Raum. Die Spielleitung wiederholt die Bewegungsimpulse:
Die Kinder spielen ruhige, gelassene Leute bei der Arbeit, treffen sich in der Disco zu einem ganz coolen Tanz und legen sich am Ende ruhig auf den Boden.

Die Spielleitung beendet die Aktion mit einer Fragerunde: Wie habt ihr euch als Zappel-Leute und als ruhige Leute gefühlt? Kommt das manchmal auch sonst vor, dass ihr so oder so seid? Wann seid ihr mehr das eine und wann mehr das andere? Kennt ihr Leute, die vor allem ganz zappelig oder ganz ruhig sind?

Autos im Stadtverkehr

Die Kinder spielen Autos im Stadtverkehr. Jedes Kind ist ein Auto und alle fahren im Kreis hintereinander her. Die Spielleitung ist das Radio oder das Leitsystem und sagt die Verkehrslage an. Dabei lässt sie genügend Pausen (***) für die Bewegungen:

*„Garagenausfahrt. Ganz langsam und vorsichtig, nirgends anstoßen, das gibt sonst Kratzer und Beulen! *** 30-Kilometer-Zone. Wir fahren langsam, wir fahren uns warm. *** Stadtautobahn: Wir drücken ein bisschen aufs Gas. Aber nicht überholen, das ist hier verboten! *** Da vorne kommt eine rote Ampel, wir werden langsamer. Wir halten, wir warten an der Ampel. *** Grün! Wir fahren wieder los auf der Stadtautobahn. *** Ein Stau: Wir werden ganz langsam, wir kriechen nur noch dahin. *** Die Altstadt: 30-Kilometer-Zone, aber immer noch Stau, wir fahren ganz langsam, wie vorher. *** Der Stau löst sich auf, wir fahren etwas schneller durch die 30-Kilometer-Zone. *** Parkplatzsuche: Wo ist denn nur einer frei? Wir fahren noch langsamer. *** Einparken: Ganz langsam und vorsichtig vorwärts, kurz zurück, Motor aus - wir sind da! Wir holen tief Luft, wir steigen aus. Hier sind wir nun alle!"*

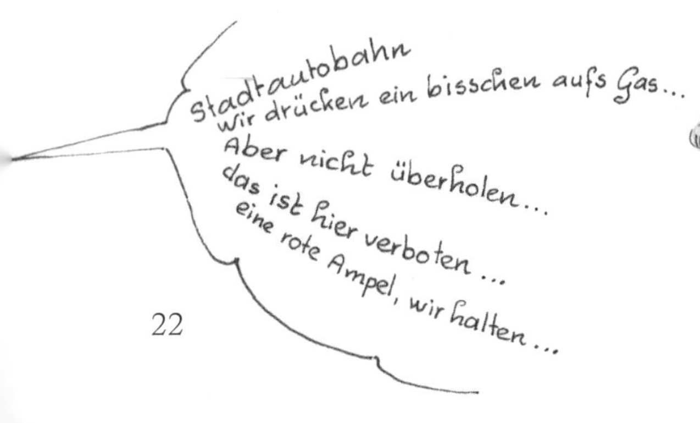

Schmetterling

Nr. 2

Schmetterling, Schmetterling, Schmetterling, flieg! (2 ×)
Setz dich auf die Blume hin! (2 ×)
Öffne deine Flügel! (2 ×)

Die erste Zeile des Lieds wird schnell und lebhaft gesungen. Die Kinder begleiten sie mit den Händen, die sie wie Flügel nebeneinander durch den Raum flattern lassen. Die zweite Zeile singen sie schon deutlich langsamer und ruhiger. Die Hände liegen dabei zu Fäusten geballt nebeneinander.

Die dritte Zeile singen sie sehr langsam und das letzte Wort „Flügel" noch einmal stark verlangsamt. Die Fäuste drehen sie dabei langsam um und öffnen sie. Sie schauen auf die geöffneten Flügel: Nun kann der Schmetterling auffliegen und das Lied beginnt von Neuem.

Lastwagen auf der Baustelle

Die Kinder spielen Lastwagen, die Aushub von der Baustelle zur Erddeponie bringen. Jedes Kind ist ein Laster und alle fahren im Kreis hintereinander. Die Spielleitung sagt dazu die Verkehrslage an; die Kinder beginnen stehend.

*„Die Lastwagen werden beladen. Spürt ihr das Gewicht, wenn der Bagger eine neue Ladung Erde oder Schutt auf die Ladefläche wirft? Noch eine weitere Ladung. Und noch eine. Die Laster sind nun voll beladen. *** Motor anlassen, ganz langsam losfahren, im Schritt-Tempo. Spürt ihr das Gewicht? Die Straße ist hier schlecht, ihr müsst ganz vorsichtig fahren, um nicht in den Graben zu rutschen. *** Einbiegen auf die Landstraße. Jetzt geht es schneller. Aber nicht überholen, die Laster sind zu schwer. *** Da vorn kommt eine Kreuzung, schon mal langsamer fahren. Jetzt anhalten. Warten. So, jetzt ist frei, weiter geht es auf der Landstraße. *** Den Berg hinauf. Da ist die schwere Last erst so richtig zu spüren. Ganz langsam mühen sich die Laster die Steigung hinauf. *** Oben angekommen. Nun geht es wieder schneller. Die Landschaft fliegt vorbei. *** Ein Stau. Da war vor uns einer unvorsichtig und ist in den Graben gerutscht. Aber wir sind noch alle gut auf Kurs. Ganz langsam und vorsichtig. *** Der Stau hat sich aufgelöst, es geht wieder in normalem Tempo. *** Da ist der Schuttplatz. Langsamer werden, die Zufahrt ist in ganz schlechtem Zustand. Ganz langsam und vorsichtig. *** Halten. Die Ladefläche geht langsam hoch, der Schutt rutscht den Deponiehang hinab. Die Laster leeren sich – gut gemacht! Jetzt sind sie bereit für eine neue Fahrt!"*

Einbrecher und Kommissar

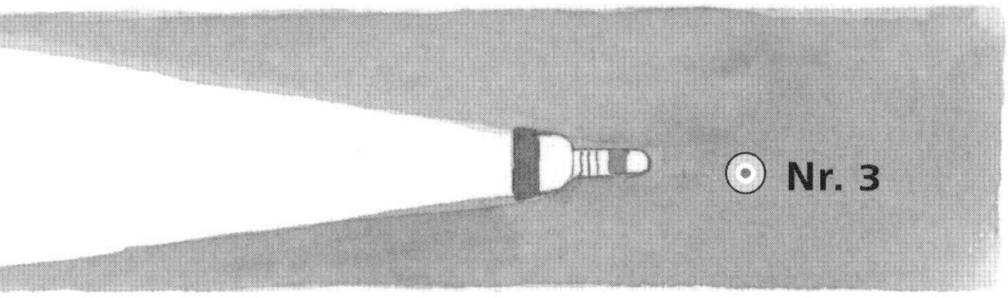

Nr. 3

1. Der Einbrecher ist langsam, leise.
   Der Kommissar ist langsam, leise.
   Sie sehen sich, sie sehen sich,
   sie springen wild durchs Haus.
   Sie sehen sich, sie sehen sich,
   schnell in den Garten raus.
   Wo ist der Einbrecher?
   Wo ist der Kommissar?
   Langsam, leise. Langsam, leise.

2. Der Einbrecher ist langsam, leise.
   Der Kommissar ist langsam, leise.
   Sie sehen sich, sie sehen sich,
   sie springen wild ums Haus.
   Da laufen sie, da laufen sie –
   dann geht die Puste aus.
   Wo ist der Einbrecher?
   Wo ist der Kommissar?
   Langsam, leise. Langsam, leise.

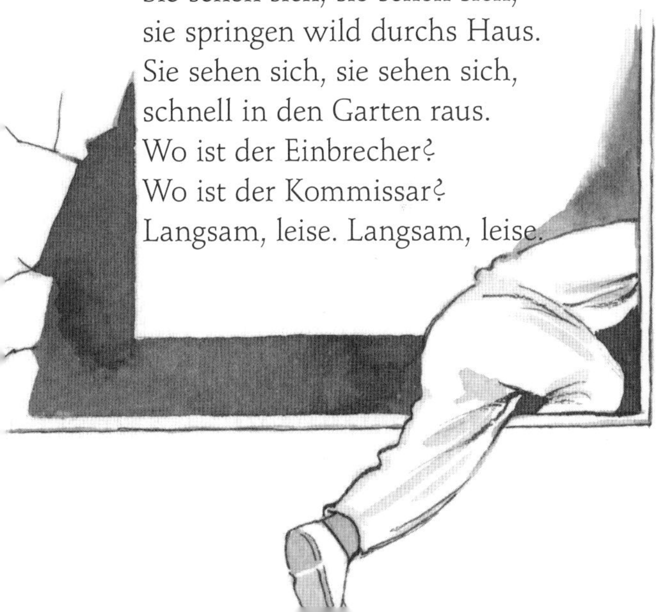

Das Lied wechselt zwischen schnell und langsam: In der 1. Strophe schleichen Einbrecher und Kommissar durchs Haus. Der Einbrecher ist vorsichtig, der Kommissar will ihn überraschen. Als sie sich sehen, wird es hektisch. Im Garten hat der Kommissar den Einbrecher verloren, beide sind wieder sehr langsam und leise. Aber in der 2. Strophe sehen sie sich wieder ...

Fahrradrennen

Die Kinder spielen Radrennen. Jedes Kind ist ein Fahrrad und alle fahren im Kreis hintereinander her. Die Spielleitung sagt als RundfunkreporterIn die Strecke an:

*„Start auf ebener Strecke. Alle fahren gemächlich los. *** Am Fluss entlang: Das Tempo wird schneller. Ein paar Ausreißer versuchen, vom Feld wegzukommen. *** Ein Anstieg, das ist mühsam, alle werden ganz langsam. *** Abfahrt: Das Tempo ist schnell. *** Ebene Strecke: Das Tempo wird langsamer, alle erholen sich, jeder wartet darauf, was der andere macht. *** Ein Zwischenspurt: Das Tempo wird schnell, ein paar Ausreißer versuchen, davonzukommen. *** Eingeholt: Das Tempo wird wieder langsam. *** Berganstieg: Nun wird es richtig steil und anstrengend, das Tempo wird langsam. Alle achten darauf, möglichst gut und sicher zu fahren. *** Abfahrt: Nun geht es steil hinab, das Tempo nimmt zu. *** Ebene Strecke: mittleres Tempo, am Fluss entlang. *** Zieleinfahrt: Das Tempo wird noch einmal schnell. *** Ende: Langsam noch eine Runde auslaufen lassen. Dann steigen wir ab. Alle sind angekommen, sehr gut!"*

Wer einen hohen Berg erklimmen will, tut das nicht in Sprüngen, sondern schrittweise und langsam.
(Gregor I., der Große)

Zugfahrt

Die Kinder spielen eine Zugfahrt und setzen sich dazu alle hintereinander. Sie achten auf die Spielleitung, die als LokführerIn den folgenden Text vorgibt, und sprechen mit ihr. Je schneller alle die Wort-

Veränderungen aufgreifen, umso glatter läuft der Zug.

„Abfahrt, Abfahrt, Abfahrt ...“
Die Spielleitung beginnt mit diesem einen Wort, das sie immer wiederholt, zuerst ganz langsam, dann zunehmend schneller.
„Tempo, Tempo, Tempo ...“
Der Zug ist in Fahrt gekommen. Die Spielleitung spricht das Wort in schnellem Tempo.
„Kurve, Kurve, Kurve ...“
Der Zug biegt in eine Kurve ein; die Spielleitung spricht langsamer.
„Tempo, Tempo, Tempo ...“
Der Zug wird wieder schneller.
„Anstieg, Anstieg, Anstieg ...“
Langsamer, es geht einen Berg hinauf.
„Abfahrt, Abfahrt, Abfahrt ...“
Bergab wieder schnell.
„Kurve, Kurve, Kurve ...“
Wieder langsamer.
„Tempo, Tempo, Tempo ...“
Schneller.
„Bahnhof, Bahnhof, Bahnhof ...“
Der Zug fährt in den Bahnhof ein und wird immer langsamer. Zuletzt, ganz lang gezogen: *„Steht!“*

Hinweis: Die ersten Versuche dürfen ruhig sehr rumpelig sein. Am Ende werden bestimmt aus allen Kindern gute LokführerInnen ...

Züglein, schnauf

Nr. 4

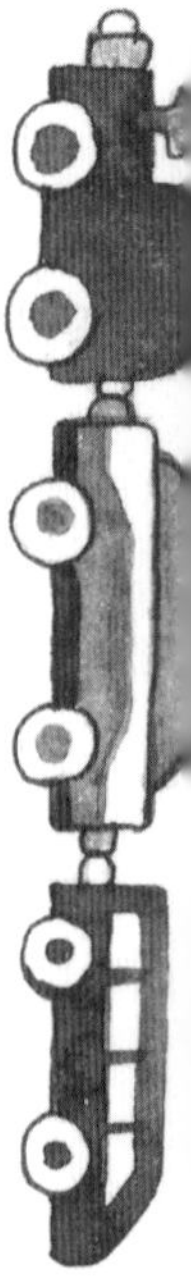

Züglein, schnauf, Züglein, schnauf,
schnauf den Berg hinauf! (2 ×)
Langsam, langsam, langsam, stark! (2 ×)
Und dann geht es schnell hinab,
wir fliegen um die Kurven!
Und dann geht es schnell hinab,
wir rollen bis ans Meer! (2 ×)

Die Kinder beginnen das Lied langsam und kräftig. Ab „Und dann geht es schnell hinab“ singen sie deutlich schneller. Mit der letzten Zeile werden sie langsamer und lassen den Zug ausrollen.
Das Lied kann gut mehrmals wiederholt werden.

Balancieren

Balancieren ist eine Tätigkeit, die verlangsamt. Wer das Gleichgewicht halten will, muss seine Bewegungen langsam machen, um sie unter Kontrolle zu halten. Außerdem schärfen Balancierspiele die Sinneswahrnehmung und die Motorik und sind deshalb zur Verlangsamung sehr gut geeignet.

Material: viele Alltagsgegenstände, Seile; evtl. pro Kind: 1 Ball, 1 Luftballon, 1 (Taschen)buch oder Bierdeckel

Die Kinder finden durch Ausprobieren heraus, was alles balanciert werden kann: so ziemlich alles, am besten auf Köpfen oder Händen, etwa Bälle, Bücher, Luftballons, Bierdeckel, Joghurtbecher, Kartoffeln, Sandsäckchen ...
In einer zweiten Runde balancieren die Kinder selbst: auf ausgelegten Seilen oder draußen auf Baumstämmen oder niedrigen Mauern.

Einige Anregungen für konkrete Balancier-Aktionen:

- **Ball in der Hand:** Alle bekommen einen nicht zu großen Ball und balancieren ihn langsam durch den Raum gehend auf der flachen Hand. Die Kinder beginnen gemeinsam. Wessen Ball herunterfällt oder festgehalten werden muss, scheidet aus, legt seinen Ball weg und schaut zu. Gewonnen hat, wer als Letzter übrigbleibt.
- **Balancier-Künstler:** Jedes Kind darf den anderen im Kreis vormachen, wie gut es einen Ball auf der Hand im Gehen balancieren kann. Die Spielleitung geht darauf ein, ob ein Kind eher verwegen war - und vielleicht nicht lange durchgehalten hat - oder ob es eher vorsichtig war.
- **Ball-Übergabe:** Die Kinder lassen einen Ball im Stehkreis herumgehen, von der flachen Hand des einen zur flachen Hand des nächsten Kindes. Beide müssen vorsichtig sein, damit der Übergang klappt. Fällt der Ball bei einer Übergabe herunter, scheiden beide beteiligten Kinder aus, treten zurück und schauen zu, während der Kreis enger wird. Fällt der Ball herunter, während nur ein Kind mit ihm zu tun hat, scheidet nur dieses Kind aus. Gewonnen haben die letzten zwei oder drei Kinder.
- **Ballons in Balance:** Die Kinder balancieren einen Luftballon auf dem Kopf. Dabei gibt es keinen Wettbewerb - wessen Luftballon herunterfällt, versucht es einfach von Neuem. Jeder versucht, den Luftballon möglichst lange zu balancieren, ohne dass er herunterfällt.
  Hinweis: Wenn der Luftballon an den Haaren gerieben wird, lädt er sich statisch auf und haftet besser!
- **Kniebeugen-Balance:** Mit einem Buch oder einem Bierdeckel auf dem Kopf schlendern die Kinder durch den Raum. Klatscht die Spielleitung laut in die Hände, bleiben sie stehen und machen eine Kniebeuge, bevor sie weitergehen.

Siehst du dort die Schwäne fliegen?

Nr. 5

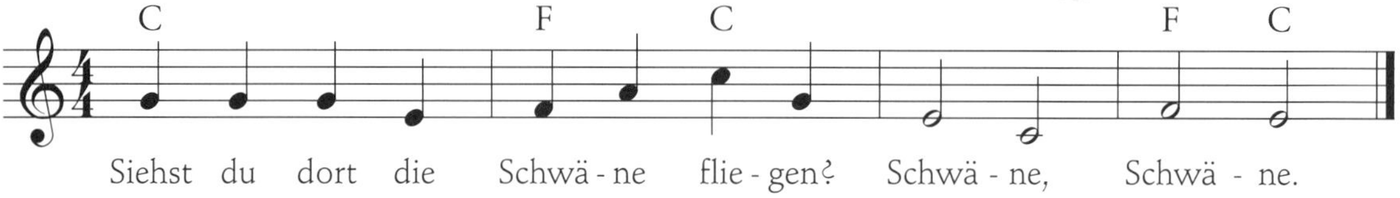

Siehst du dort die Schwäne fliegen? Schwäne, Schwäne. (2 ×)
Siehst du dort die Tauben fliegen? Tauben, Tauben. (2 ×)
Siehst du dort die Spatzen fliegen? Spatzen, Spatzen. (2 ×)

Die erste Zeile wird langsam gesungen, entsprechend den Flügelschlägen der großen Schwäne. Tauben sind kleiner, ihre Schwingen bewegen sich beim Fliegen schon schneller, deshalb wird die zweite Zeile etwas zügiger gesungen. Spatzen sind am kleinsten, bewegen die Flügel also am schnellsten. Diesen Vers singen die Kinder ganz schnell.
Die Spielleitung fragt nach anderen Vögeln: Welche Vögel gibt es und wie fliegen sie? Die Kinder setzen den Namen eines genannten Vogels anstelle des entsprechenden Vogels im Lied ein: Finken z. B. sind klein und fliegen schnell, also werden die Spatzen in der dritten Zeile durch die Finken ersetzt.
Wird ein Vogel genannt, der gar nicht fliegen kann, heißt es z. B.: *„Siehst du dort die Hühner fliegen? Hühner, plumps, plumps."* Die Flugunfähigen werden in einer eigenen vierten Zeile besungen.

Was ist langsamer?

Die Spielleitung fragt die Kinder z. B.: *„Was ist langsamer als ein Flugzeug?"* Die Kinder überlegen und antworten: *„Ein Auto, ein Zug, ein Fahrrad ..."* Dabei gelten nicht alle Antworten, sondern nur die, die mit dem Erstgenannten in einem Zusammenhang stehen. Akzeptiert wird hier z. B. nicht die Schnecke, schon aber der Adler oder die Wildgans, weil diese ebenfalls fliegen. Viele Antworten sind möglich - die Spielleitung diskutiert mit den Kindern, welche stimmen und angenommen werden sollen.
Finden die Kinder keine Antworten mehr, stellt die Spielleitung eine neue Frage, z. B.:
„Was ist langsamer als ein Büffel?"
(eine Schnecke, ein Eichhörnchen, ein Regenwurm ...)
„Was ist langsamer als ein 100-Meter-Läufer bei Olympia?"
(ein 1000-Meter-Läufer bei Olympia, ich, du ...)
„Was ist langsamer als ein Sturm?"
(ein Wind, eine Welle, ein Fluss ...)

Variante

Innerhalb von Kategorien wie „Fahrzeuge" oder „Naturphänomene" richtig zu antworten, ist gar nicht so einfach. Bei Kindergartenkindern zählen deshalb alle Antworten, Hauptsache, das Genannte ist tatsächlich langsamer.

Vokale tönen

In verschiedenen kleinen Spielen tönen die Kinder Vokale: Jedes Ausatmen ist ein langer Ton, der so lange wie möglich ausgehalten wird. Die Spielleitung kann dazu Gedankenbilder anbieten, z. B.: Unser Tönen ist der Wind oder das Meer unter dem Wind. Oder es ist das Rauschen von Wipfeln im Wind.
Nach einer Einstimmung ins Tönen verändern die Kinder dabei die Lautstärke. Das ist gar nicht so einfach - die Schwierigkeit liegt vor allem im langsamen Verändern der Lautstärke, besonders im langsamen Leiserwerden. Besonders schwer ist es, leiser zu werden, während andere lauter werden. Wird das immer wieder geübt, hilft es den Kindern dabei, sich vom Sog ihrer Umgebung unabhängiger zu machen, das eigene Verhalten besser kontrollieren zu können und nicht nur auf die Reize der Umgebung zu reagieren.
Die folgenden Übungen können einzeln durchgeführt werden, an verschiedenen Tagen, oder alle unmittelbar hintereinander. Die Kinder bleiben entweder immer bei demselben Vokal, etwa dem a, oder wechseln auf e, i, o und u und stellen fest, wie unterschiedlich die Vokale wirken.

- Zur Einstimmung tönen die Kinder den Vokal a. Jeder tönt in beliebiger Tonhöhe, mit beliebigen Atempausen, aber schön lang. Jedes Ausatmen ist ein einziger Ton. Die Kinder tönen stehend, sitzend oder liegend oder gehen dabei im Raum umher. Das hält einige Minuten lang an. Der Klangteppich verändert sich immer wieder, wenn jemand atmet, neu zu tönen beginnt, vielleicht in einer anderen Tonhöhe.

- Jedes Kind beginnt seinen Vokal ganz leise und steigert bis zur nächsten Atempause die Lautstärke.
- Jedes Kind beginnt ganz leise und wird bis zur nächsten Atempause ganz laut. Beim nächsten Durchgang ist es umgekehrt: Jeder beginnt ganz laut und wird bis zur nächsten Atempause ganz leise.
- Alle beginnen zusammen ganz leise und werden über einige Zeit zusammen immer lauter, unabhängig von den Atempausen. Dann werden sie nach und nach wieder ganz leise. Um das einigermaßen gemeinsam zu tun, brauchen die Kinder ein Zeitmaß. Dazu bilden sie einen Kreis. Ein Kind hockt sich zusammengekauert in die Mitte: Das ist die Sonne am Morgen. Ganz langsam richtet sich das Kind nach und nach auf und streckt die Arme wie Sonnenstrahlen zum Mittagshimmel. Danach geht die Sonne ganz langsam wieder unter, bis das Kind am Abend wieder zusammengekauert auf dem Boden hockt. Zu Beginn und am Ende tönen die Kinder im Kreis entsprechend ganz leise, mittags am lautesten.
- Die Kinder bilden zwei Gruppen und verändern die Lautstärke gegenläufig. Für diese anspruchsvolle Übung gibt das Sonnenkind (vgl. vorherige Übung) in der Mitte wieder das Zeitmaß vor: Die Hälfte des Kreises tönt wie gehabt morgens und abends leise und mittags sehr laut, während die andere Hälfte des Kreises genau umgekehrt agiert: Diese Kinder beginnen am Morgen ganz laut, werden zum Mittag ganz leise und zum Abend wieder laut.

Höher oder tiefer?

Die Kinder stehen im Kreis. Ein Kind beginnt einen Vokal zu tönen. Zeigt die Spielleitung mit dem Daumen nach oben, ist das nächste Kind im Kreis aufgefordert, etwas höher zu tönen, während das erste Kind verstummt. Zeigt die Spielleitung mit dem Daumen nach unten, tönt das folgende Kind etwas tiefer.
Die Spielleitung kann mehrere Kinder hintereinander immer höher (oder tiefer) tönen lassen oder häufiger wechseln, bis alle Kinder wenigstens einmal an der Reihe waren.

Aufziehspielzeug

Jedes Kind denkt sich ein Aufziehspielzeug aus: Das kann ein Auto sein oder eine Puppe, ein Teddy oder ein anderes Stofftier. Alle Kinder stellen sich im Raum auf und spielen ein Aufziehspielzeug. Zu Beginn stehen sie ganz still und eng beieinander und schauen auf die Spielleitung, die die Rolle des „Aufziehers“ übernimmt: Nach einigen Spannungssekunden beginnt sie, die Spielzeuge pantomimisch ganz langsam aufzuziehen. Dazu hebt sie ihre linke Hand hoch und macht daran mit der rechten Hand Aufziehbewegungen.
Die Spielzeug-Kinder beginnen sich zu bewegen, erst ganz langsam, so wie die Feder aufgezogen wird, dann immer schneller. Ruft die Spielleitung nach einer Weile: *„Alles aufgezogen!“* und beendet das Aufziehen, bewegen sich die Kinder mit größtmöglicher Schnelligkeit durch den Raum. Ruft der Aufzieher: *„Die Spannung lässt nach!“*, bewegen sich die Spielzeug-Kinder zunehmend langsamer. Bei *„Die Spannung lässt immer weiter nach!“* werden alle Bewegungen noch langsamer. *„Die Spannung ist nur noch ganz schwach!“*: Die Bewegungen sind nun ganz langsam. Zum Schluss ruft der Aufzieher: *„Die Feder ist abgelaufen. Alles steht!“* Alle Kinder bleiben stehen und nehmen noch ein paar Momente ihre Bewegungslosigkeit wahr. In der nächsten Runde übernimmt eines der Kinder die Rolle des Aufziehers.

Sägen

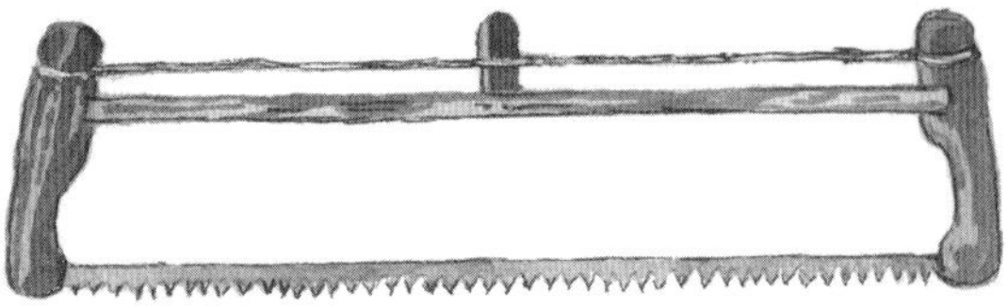

Nr. 6

Ritsche-ratsche, ritsche-ratsche sägen wir den Baum. (2 ×)
Astholz, Astholz, Säge stockt. (2 ×)

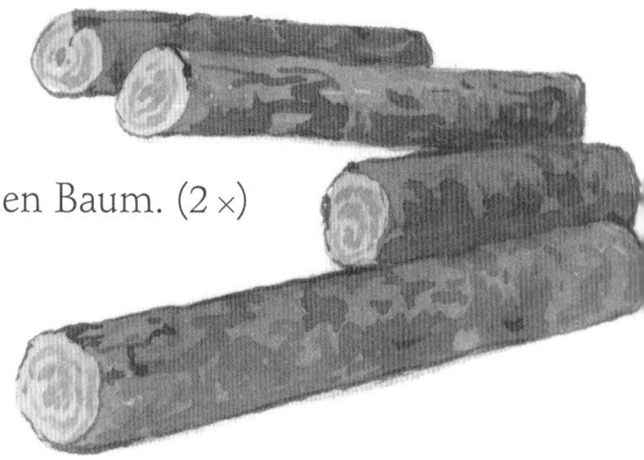

Die Kinder spielen in Paaren Baumstamm sägen. Je zwei Kinder stehen oder sitzen sich dazu gegenüber und bewegen die Hände singend vor und zurück. Bei der ersten Zeile sägen sie schnell, bei der zweiten Zeile viel langsamer. So wechseln sich einige Male „Ritsche-ratsche“ und „Astholz“ ab, denn beide Zeilen können immer wieder mit Wiederholung hintereinander gesungen werden.

Als Abschluss gibt es eine dritte Zeile: Vorsicht, Vorsicht, wir sind durch! Plumps! (2 ×)

Hinweis: Astholz ist härter und spröder als das Holz des Stammes, außerdem laufen seine Fasern nicht in die gleiche Richtung wie die Fasern des Stammes. Kommt man beim Sägen auf eine Stelle, wo vom Stamm ein Ast abgeht, stockt deshalb die Säge oder läuft schwerer.

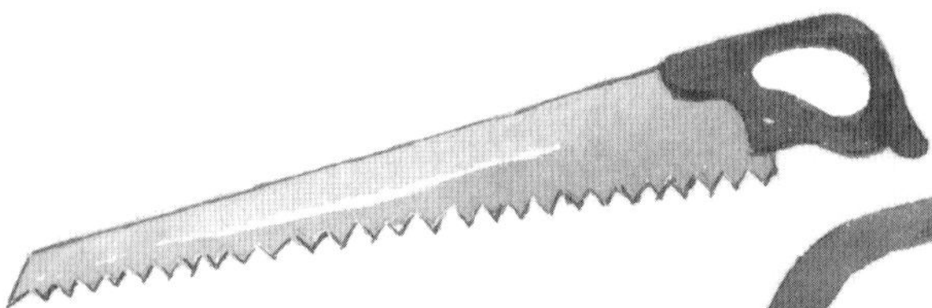

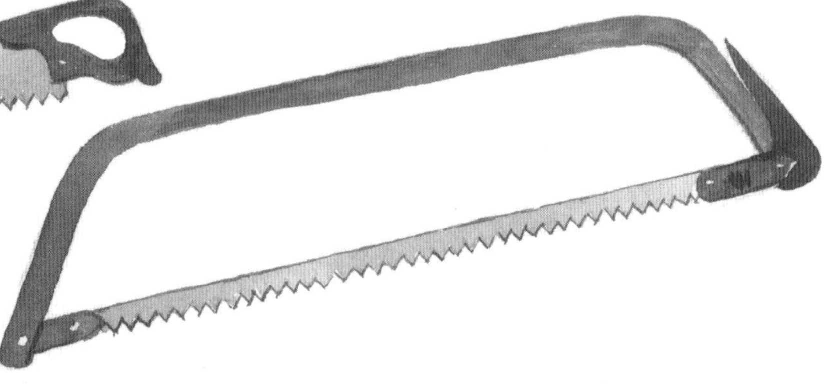

Die Mühle

Nr. 7

Nach dem Regen geht das Mühlrad,
Mühle, Mühle, klapper. (2 ×)
Sonne, Sonne, Sonne, schein,
Bächlein muss versiegen.
Sonne, Sonne, Sonne, schein,
Mühle steht nun still.

Die Kinder singen das Lied in zügigem Tempo. Bei der letzten Zeile „Mühle steht nun still“ werden sie mit jedem Ton langsamer.

Bei einem zweiten Durchgang singen sie das Lied deutlich verlangsamt und werden am Schluss noch langsamer, bis die Mühle auf dem letzten Ton „steht“.

Dann singen sie wieder in schnellem Tempo von vorn.

Tiefe Flüsse gehen langsam.
(Sprichwort)

Wolkenwandern

Die Kinder spielen Wolken und bewegen sich im Kreis durch den Raum. Die Spielleitung sagt die Wetterveränderungen an. Je nachdem bewegen sich die Wolken ganz langsam, werden schneller, jagen über den Himmel, werden wieder langsamer, erleben ein Gewitter – und am Ende kommen sie auf einem Berggipfel zur Ruhe. Die Spielleitung spricht den folgenden oder einen ähnlichen Text und lässt zwischen den Geschwindigkeitsbeschreibungen genügend Pausen (***) zur Umsetzung.

*„Was für ein schöner Tag! Wir spielen Wolken, die ganz langsam über den blauen Himmel wandern, im Kreis, rundherum, alle hintereinander, ganz so wie der Wind bläst. Die Sonne scheint, Vögel kreisen durch den Himmel, der Wind geht ganz leicht. *** Jetzt wird der Wind stärker, die Wolken bewegen sich immer schneller über den Himmel. Sie sind dunkel geworden, ein Gewitter braut sich zusammen. *** Nun ist der Wind böig geworden. Die Wolken gehen mal schnell, mal langsam. ****

*Jetzt geht er ganz schnell – die Wolken jagen nur so dahin. *** Und jetzt geht er schwach – die Wolken werden langsamer. *** Jetzt wieder schnell. *** Und jetzt wieder langsam. *** Das Gewitter beginnt! Die Wolken stehen still. Aus den Wolken fahren Blitze, es donnert, Regen fällt. Wir lassen den Regen fallen* (Bewegung mit den Händen dazu), *wir spielen, wie der Blitz aus der Wolke kracht. *** Das Gewitter geht langsam vorbei. Die Wolken sind wieder ganz leicht und ruhig geworden. Sie legen sich auf einem Berggipfel in der Mitte des Raumes zur Ruhe. Sie träumen. ****

Die Kinder legen sich dicht nebeneinander auf den Boden und lauschen vielleicht noch der folgenden Geschichte.

Die kleine Wolke

Weit im Westen steigen Dunstschwaden aus dem Meer. Im Himmel aber bilden sich aus dem Dunst Wolken. Mit dem Wind ziehen sie fort.
„Wohin ziehen wir denn?", fragt eine kleine Wolke die Sonne. „Ich glaube, ihr zieht übers Land", flüstert die. „Was machen wir dort? Und was ist das ‚Land' überhaupt?", fragt die kleine Wolke zurück. „Ihr regnet dort nieder, das ist eure Bestimmung", flüstert die Sonne. „Was ist denn ‚regnen' und was eine ‚Bestimmung'?", fragt die kleine Wolke neugierig. Aber die Sonne lächelt nur und sagt: „Das wirst du schon merken".
So ziehen die Wolken weiter über das Meer. Tief unten glänzt die Sonne auf den Wellen. Hier und da schäumt weiße Gischt. Möwen kreisen auf der Suche nach Fisch. Ihre schrillen Schreie, die Wellen und das Blasen des Windes – das sind die Geräusche des Meeres.
Eine ganze Weile schon beobachtet die kleine Wolke den Horizont. Irgendetwas geschieht dort. Erst als es ganz nahe ist, versteht sie: Das Land taucht auf.
Auf einen weiten Sandstrand folgen Dünen, dann ein Damm und schließlich ein Dorf. Dahinter erstrecken sich Wiesen, Felder und Wälder bis zum Horizont. Ein Flusslauf schlängelt sich durch die Gegend.

Immer weiter fliegen die Wolken, den ganzen Tag lang, die Nacht und noch einen Tag. Die kleine Wolke fühlt sich glücklich und frei. Wie schön es wäre, endlos so fortzuziehen, mitten unter den anderen. Ob nach dem Land ein anderes Land kommt, oder ein Meer, oder ganz etwas anderes, von dem sie nur noch nichts weiß?
Und was wohl „Bestimmung" ist? Ob sie schon da war oder noch kommt? Was hat die Sonne bloß gemeint mit ihrem: „Das wirst du schon merken"?
Immer weiter treibt die kleine Wolke dahin. Und sie spürt, wie sich etwas in ihr verändert. Sie fühlt sich schwerer an, ihr bisher so helles Weiß verdunkelt sich langsam. Und sie spürt ein Kribbeln in sich, das nicht weiß, wo es hin soll.
Die kleine Wolke sieht aus ihrer Nachbarin Tropfen fallen, und da regnen auch schon die ersten Tropfen aus ihr selbst. Das Drängen ist noch stärker geworden, aber es löst sich in einen Jubel, der sich über all die Tropfen verteilt. Jauchzend regnet die kleine Wolke hinab auf die trockenen Felder, die sie willkommen heißen. Die Tropfen klatschen und spritzen lustig auf Gras und Klee.
Als der Regen vorbei ist, kommen die Kinder wieder aus den Häusern zum Spielen. Sie hüpfen in den Pfützen auf dem Asphalt; die Sonne lächelt heller denn je.

Bergsee

Nr. 8

1. Hui, der Bergbach rauscht ins Tal,
   rauscht, rauscht, rauscht. (2 ×)
   Bergsee, stille liegst du da. (2 ×)

2. Wolken ziehen übern See,
   fort, fort, fort. (2 ×)
   Bergsee, stille liegst du da. (2 ×)

3. Schau, dein Spiegelbild im See
   tanzt, tanzt, tanzt. (2 ×)
   Bergsee, stille liegst du da. (2 ×)

Der Bergbach ist schnell, deshalb werden die beiden ersten Verse jeder Strophe schnell gesungen. Der Bergsee dagegen ist still, seine Verse werden entsprechend langsam und intensiv gesungen.

Regentakt

Die Kinder spielen Bärenkinder in der Bärenhöhle. Sie hören dem Regen zu, der draußen fällt, und begleiten seinen Takt mit den Händen. Sie setzen sich im Kreis mit der Spielleitung zusammen, die die Geschichte anleitet:

„Die ersten leichten Tropfen beginnen zu fallen." Die Kinder patschen langsam und leicht mit ihren „Bärentatzen" vor sich auf den Boden. Die Spielleitung gibt Rhythmus und Lautstärke vor.

„Große, schwere Tropfen fallen vom Himmel auf die Erde." Das Klatschen bleibt langsam, wird aber schwerer, die Hände heben sich weit vom Boden ab.

„Die Wolkenfront ist direkt über uns. Der Regen wird immer kräftiger." Das Klatschen wird schneller.

„Ab und zu blitzt und donnert es." Gelegentlich kommt ein besonders kräftiger Schlag, vielleicht auch mal mit beiden Händen gleichzeitig.

„Die Wolkenfront ist vorbei, der Regen wird langsam schwächer." Das Klatschen wird wieder langsamer und leiser.

„Die letzten Nachzügler-Tropfen fallen." Noch ein paar sanfte Klatscher, in immer größeren Abständen, und dann, mit klatschbereiter Hand - nichts mehr.

Je nach Ausdauer der Kinder - und der eigenen Handflächen - können so hintereinander mehrere Wolkenfronten vorbeiziehen. Anschließend träumen die Kinder noch ein wenig - oder die Bärenkinder legen sich bequem in ihre Bärenhöhle und lauschen der Geschichte, die etwa die Bärenmama erzählt.

Der Regentropfen

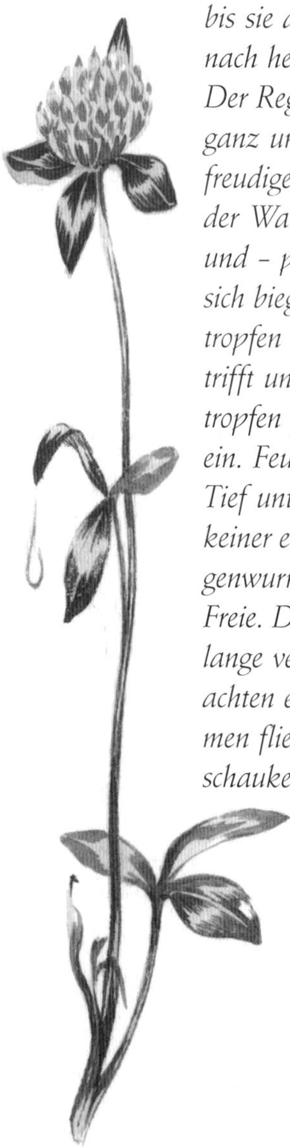

Ganz langsam hat es begonnen: Erst sind die Dunstschleier der Wolke dichter geworden, dann sind hier und da die ersten Tropfen entstanden und immer größer geworden, bis sie den Halt verloren haben. Seitdem tropfen sie, immer noch langsam, nach und nach herunter.

Der Regentropfen kennt nichts als Jubel. Das Fallen ist schön. Wie der Himmel ihn so ganz umhüllt, brausend. Wie er tiefer und tiefer stürzt, immer schneller, immer noch freudiger. Wie das Land immer größer wird, wie immer mehr auf ihm zu sehen ist: erst der Wald, dann einzelne Bäume, die Waldlichtung, Grasbüschel, einzelne Gräser und – platsch! – landet der Tropfen gerade auf einer Kleeblüte. Wie die Blüte sich biegt unter dem neuen Gewicht. „So schwer bin ich also", denkt der Regentropfen stolz. Die Kleeblüte schwankt hin und her, bis sie ein weiterer Tropfen trifft und beide zu Boden plumpsen, bevor sie in der Erde versickern. Der Regentropfen fühlt sich geborgen. Warm ist es hier. Überall dringt weiterer Regen in die Erde ein. Feucht ist es, schön.

Tief unter der Erde sammeln sich die Wasser wieder. Das Glucksen beginnt dort, wo keiner es hört, wo keiner je hinkommt, außer einem Maulwurf vielleicht oder einem Regenwurm. Es wird stärker und stärker. Ein Stück den Hang hinab tritt das Wasser ins Freie. Das ist die Quelle. Wasser sprudelt ans helle Licht. Die Regenwolken haben sich lange verzogen. Vögel pfeifen. Junge Birken biegen sich im Wind. Zwei Kinder beobachten eine Libelle. Das Wasser hat wieder zu strömen begonnen. Zwischen den Bäumen fließt es in die offene Welt. Die Kinder haben Rindenstücke hineingeworfen. Die schaukeln auf dem Wasser und treiben langsam davon.

Kannst du

◉ Nr. 9

1. Laut, laut, kannst du es auch laut, laut, laut, laut? (2 ×)

2. Leis, leis, kannst du es auch leis, leis, leis, leis? (2 ×)

3. Schnell, schnell, kannst du es auch schnell, schnell, schnell, schnell? (2 ×)

4. Langsam, kannst du es auch langsam, langsam? (2 ×)

Jede Strophe wird nach derselben Melodie, aber mit dem in ihr angesprochenen Charakter gesungen: die 1. Strophe laut, die 2. leise, die 3. schnell, die 4. langsam.

Gebirgsbach

Die Kinder spielen Wasser, von der Quelle bis zur Mündung in den See. Sie bewegen sich dazu in einem lockeren Kreis, alle in dieselbe Richtung. Die Spielleitung geht mit im Kreis herum und erzählt die folgende Bewegungsgeschichte:

*„Zwischen Felsen im Gebirge entspringt eine Quelle. Wie steil der Berghang ist! Das Wasser sammelt sich, dann beginnt es zu strömen. Wir laufen so schnell wie das Wasser den Fels hinunterläuft! *** Jetzt kommen wir zu einer flachen, ruhigeren Stelle, wir bewegen uns langsamer. *** Nun wird das Wasser wieder schneller, denn das Tal ist steiler geworden. *** Da kommt ein Wasserfall! Wir bewegen uns schneller – und jetzt laufen wir in die Mitte und klatschen dort mit den Händen zusammen. Hier wirbelt das Wasser ein wenig auf der Stelle, dann geht es weiter durchs Tal. *** Das Bächlein springt wieder ganz schnell. *** Jetzt wird das Wasser langsamer, denn der Berg liegt hinter ihm, das Tal ist nicht mehr so steil. *** Immer langsamer wird das Bächlein. Jetzt strömt es ganz gemächlich dahin. Ganz breit ist es geworden und tief. *** Jetzt mündet der Bach in den See. Dort kommt das Wasser zur Ruhe. Wir legen uns um die Mitte herum. Wir werden ganz ruhig, wie das Bächlein im See. Spürt ihr, wie ruhig der See ist, wie klar? Spürt ihr die Ruhe des Sees auch in euch?"*

Die Spielleitung schließt entweder die folgende Geschichte auf S. 42 an oder beendet die Ruhephase nach einiger Zeit.

Der Schmetterling sucht die Quelle

Der Schmetterling ist am See zu Hause, und er liebt seinen See. Er liebt die Blumen am Ufer und die ruhige Fläche des Wassers.
„Weißt du, woher die Ruhe kommt?", quakt eines Tages ein Frosch, der es auf ihn abgesehen hat. „Sie kommt aus der Tiefe." Dann springt er dicht zu dem neugierigen Schmetterling und seine lange Zunge schnellt nach ihm. Der Schmetterling aber flattert davon. „Ich weiß nicht, woher die Ruhe kommt", sagt ihm dagegen ein Fisch. „Der See jedenfalls kommt vom Bach, der bei den Erlen fließt. Ohne den Bach, der immer neues Wasser heranbringt, trocknet der See aus." – „Und wo kommt der Bach her?", fragt der Schmetterling. „Das weiß ich nicht", sagt der Fisch. „Als ich jung war, bin ich einmal ein Stückchen hinauf geschwommen. Aber das Wasser war mir zu unruhig."
Da beschließt der Schmetterling, sich selbst auf die Suche zu machen. Er flattert zu den Erlen und beobachtet, wie sich das Wasser des Bachs in den See ergießt, wo es still wird und tief. Dann flattert er den Bachlauf hinauf. Klee blüht am Ufer, wo das Wasser sprudelt und quirlt. Der Bachlauf ist von Büschen und Bäumen gesäumt. Der Schmetterling flattert immer weiter und freut sich am lebendigen Wasser. Als er zum Wasserfall kommt, kreist er und staunt: Wie feucht die Luft ist, und wie frisch! Er steigt in den Himmel neben dem Wasserfall. Dieses Tosen! Das Wasser weiß immer genau, wohin es will. Nie ist es unsicher, ob es abwärts stürzen soll oder nicht, ob es hierhin laufen soll oder dorthin, ob nicht ein anderer Weg besser wäre. Immer neues Wasser strömt heran, und jede Welle weiß: abwärts, abwärts!

Der Schmetterling flattert durch den Kiefernwald, der über dem Wasserfall beginnt. Der Weg ist steiler geworden, und überall zwischen den Bäumen liegen Felsbrocken. Doch Blumen gibt es hier auch. Noch höher das Tal hinauf duftet eine ganze Blumenwiese am Bächlein. Das Bächlein fließt hier ganz ruhig. Der Schmetterling rastet auf einer Margerite. „Weißt du, wie weit es noch bis zur Quelle ist?", fragt er eine Biene. Aber die summt geschäftig davon. „Noch einen halben Sonnentag hüpfen", antwortet stattdessen ein Grashüpfer. „Und wenn ich fliege?", fragt der Schmetterling. „Keine Ahnung", antwortet der Grashüpfer, „fliegen kann ich nicht." Da macht sich der Schmetterling wieder auf den Weg. Immer weiter fliegt er das Tal hinauf, und schon hat er den Kiefernwald hinter sich gelassen. In dieser Höhe gibt es nur Wiesen und Steine. Bald verschwinden auch die Wiesen und da ist nur noch Fels. Dort liegt die Quelle.
Auf einer Felsplatte am Quellenrand rastet der Schmetterling. Er schlägt seine Flügel auf und lässt sich ganz von der Sonne bescheinen. Lange sitzt er hier in der Sonne, die Flügel geöffnet. Er sitzt da und spürt die Kraft und die Ruhe des Berges.

Langsam kommendes Glück pflegt auch am längsten zu weilen.
(Saadi, persischer Schriftsteller, ca. 1190–1290)

Der Hecht

Nr. 10

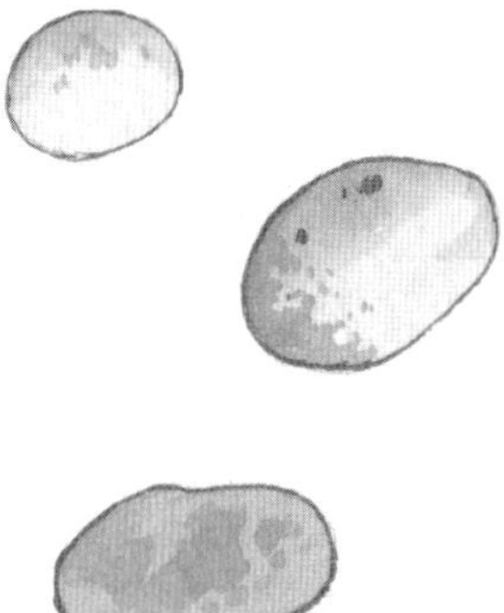

Jakob wirft den Kieselstein,
klatsch, klatsch, klatsch, klatsch, plumps!
Und der bleibt nicht lang allein,
klatsch, klatsch, klatsch, klatsch, plumps!
Doch da döst am Donaugrund
so ein alter Hecht,
rührt sich nun und kostet und:
Kiesel schmecken schlecht!

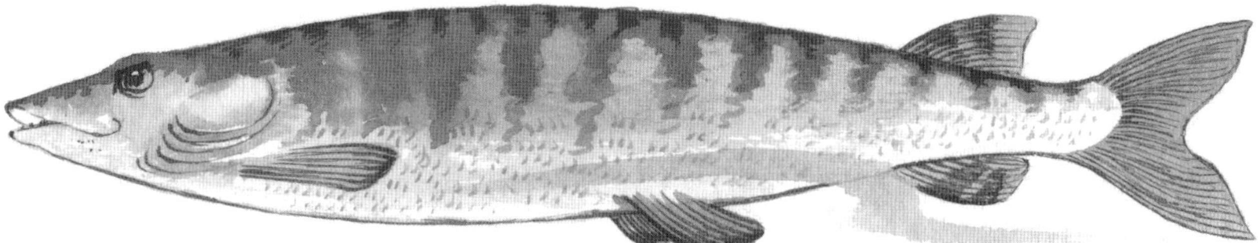

Die Kinder beginnen flott und singen in normaler Lautstärke. Ab „Doch da döst am Donaugrund“ singen sie deutlich verlangsamt und leiser. Bis zum Schluss werden sie wieder schneller und lauter.

Indianer

Die Kinder spielen Indianer auf der Jagd. Anfangs bewegen sie sich mit der Spielleitung in zügigem Tempo hintereinander im Kreis herum. Dann darf jeder reihum eine Änderung ansagen: *„langsamer", „schneller", „ganz langsam", „ganz schnell", „stillstehen und in die Ferne spähen"* oder *„auf den Boden legen und horchen".* Alle Kinder machen die Bewegungsansage eine Weile nach, bevor das nächste Kind einen neuen Impuls gibt. Zum Schluss kommen die Indianer-Kinder von der Jagd heim, legen sich zufrieden auf den Boden und hören noch die Geschichte von „Kleine Feder".

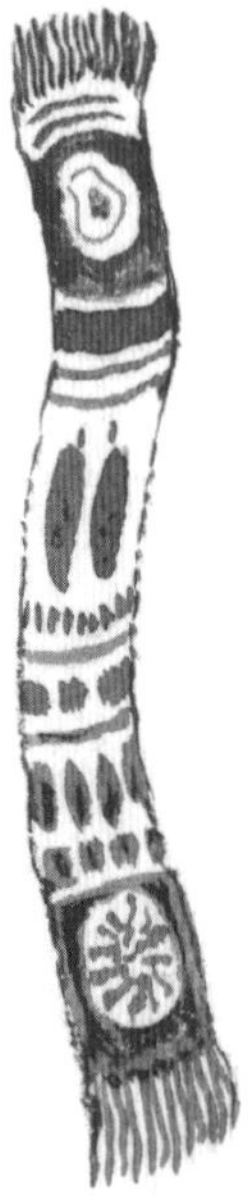

Kleine Feder

Gestern erst hatten die Indianer ihre Zelte am Sommerlager aufgeschlagen, an der Biegung des Flusses. Heute durfte Kleine Feder zum ersten Mal mit auf einen Auszug der Männer. „Es ist nur ein Erkundungsgang", hatte Adlerauge, der Häuptling, die Mutter von Kleine Feder beruhigt. „Er will es so sehr."

Hintereinander bewegten sich die Männer und Kleine Feder durch das hohe Gras. Möglichst lautlos und schnell bewegten sie sich, denn sie wollten für die Jagd auch etwas über den Wildreichtum dieses Ortes erfahren und alles sehen, bevor der Wind sie verriet. Auf der gegenüberliegenden Seite des Tals hielten sie an und blickten zurück auf ihr Lager: Im Fluss wurden Fische gefangen. Auf dem weiten Platz zwischen den Zelten brannte ein Feuer, die Kinder suchten im Wald nach Holz.

Und schon ging es weiter, rasch ins Unbekannte hinein. „Merke dir, was du siehst! Wenn wir zurück sind, reden wir darüber", flüsterte Adlerauge Kleiner Feder zu, als sie einmal an einer Quelle anhielten, um zu trinken. Vom Braunbären fanden sie nur Spuren – aber ein paar Hirsche sahen sie zwischen den Bäumen verschwinden. Kleine Feder taten die Füße weh, aber Adlerauge führte sie schnell durch den Wald und auf die Berge jenseits des Waldes. Endlich hielten sie an. „Rasten wir jetzt?", flüsterte Kleine Feder Adlerauge zu. „Wir sind schnell gegangen und gut", sagte Adlerauge zu den Männern. „Den Hirsch haben wir gesehen und die Bärenfährte, eine Quelle, den Wald und die Berge. Nun rasten wir und ruhen uns aus, damit die Seele nachkommen kann. Und wenn wir wieder mit ihr vereint sind, gehen wir in einem Bogen zurück."

Sie legten sich hin und schlossen die Augen. Kleine Feder blinzelte, denn er spürte, dass alle trotzdem ganz wach waren. Und als er doch die Augen schloss, spürte er in sich hinein, ob seine Seele schon nachgekommen war. So lag er ein Weilchen und wartete. Er lag einfach da, und spürte etwas wachsen in sich. So wartete er, bis Adlerauge sie rief, und sie sich alle erhoben für ihren Weg zurück zu den Zelten.

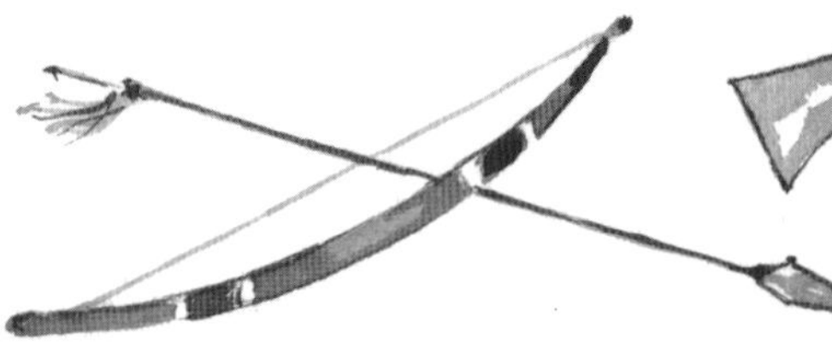

Die Finger wollen tanzen

Nr. 11

Die Finger wollen tanzen, tanzen, tanzen. (2 ×)
Und dann werden müde sie, aber wie, aber wie.
Und dann werden müde sie, legen sich zur Ruhe.

Die erste Zeile wird schnell gesungen, die beiden folgenden Zeilen immer langsamer, bis der Ton auf „Ruhe“ zum Halten kommt.

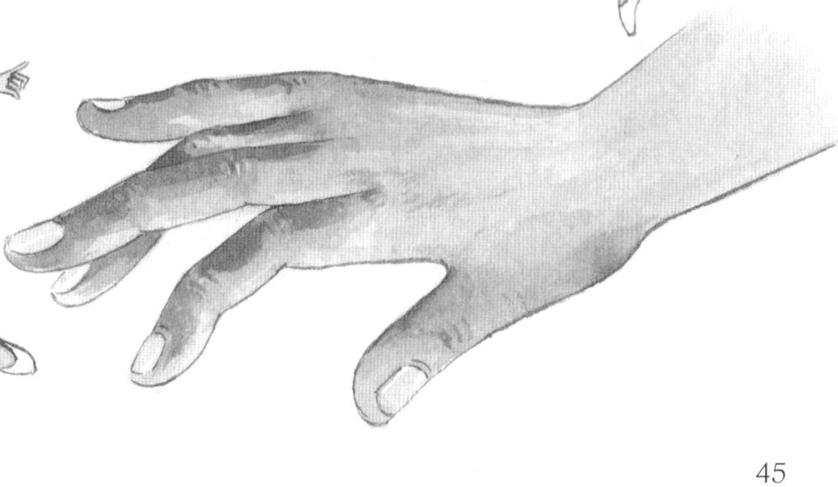

Eidechsentag

Eidechsen sind Kaltblüter. Ihre Körpertemperatur entspricht immer in etwa ihrer Umgebung. Und je nach Temperatur ist auch ihre Energie hoch oder niedrig. Sie bewegen sich also bei Kälte möglichst gar nicht oder sehr langsam. Wird es wärmer, tauen sie auf und können sehr flink sein.

Für das Spiel stellen sich alle Kinder als Eidechsen im Kreis auf. Ein Kind geht als Sonnenkind in die Mitte und zeigt den Stand der Sonne. Die Spielleitung leitet alle mit der folgenden Geschichte an:

*„Am Morgen hockt das Sonnenkind auf dem Boden und hat sein Gesicht verborgen. Wir Eidechsen bewegen uns nicht. *** Nun steigt die Sonne über den Horizont und das Sonnenkind zeigt sein Gesicht. Die Eidechsen beginnen sich zu bewegen, ganz langsam, alle hintereinander in eine Richtung des Kreises. *** Das Sonnenkind erhebt sich langsam - und die Eidechsen werden immer schneller. *** Das Sonnenkind steht aufrecht und hat die Arme erhoben: Es ist Mittag und die Eidechsen bewegen sich sehr flink. *** Aber dann beginnt die Sonne wieder zu sinken. So wie das Sonnenkind langsam wieder in die Hocke geht, werden die Eidechsen langsamer. *** Das Sonnenkind verbirgt sein Gesicht: Die Nacht kommt, es ist kühl geworden, die Eidechsen stehen ganz still." ****

Nach kurzer Nacht kann ein neuer Eidechsentag beginnen, nun mit einem anderen Sonnenkind.

Bienentag

Ein Kind hockt sich als Sonnenkind (vgl. „Eidechsentag“) in die Mitte des Raumes. In einer Ecke ist der Bienenstock. Dort versammeln sich alle anderen Kinder als Bienen und die Spielleitung als Bienenkönigin. Diese bleibt immer im Stock und leitet die Spielgeschichte an:

*„Vor Sonnenaufgang ist es im Bienenstock ganz still. *** Da lugt die Sonne über den Horizont* (das Sonnenkind zeigt sein Gesicht) *und die ersten Bienen beginnen sich zu regen und leise zu summen. *** Die Sonne erhebt sich und steigt in den Himmel hinauf* (das Sonnenkind erhebt sich langsam). *Die ersten Bienen verlassen den Bienenstock und schwärmen langsam, ganz langsam hinaus in die Welt.* (die Bienen schwirren durch den Raum) **** So wie die Sonne höher steigt* (das Sonnenkind erhebt sich weiter), *werden die Bienen lebhafter. Sie bewegen sich schneller und summen lauter. Sie suchen nach Blumen und Blüten, um Nektar zu sammeln für den Stock und die Königin. *** Nun steht die Sonne hoch am Himmel: Es ist Mittag!* (das Sonnenkind steht aufrecht mit erhobenen Armen) *Die Bienen schwirren eifrig durch den Raum und summen ganz laut. ****
Bald ist es Nachmittag geworden, die Sonne beginnt zu sinken (das Sonnenkind geht wieder langsam in die Hocke) *und die Bienen werden langsamer und leiser. *** Und dann kommt der Abend. Die Sonne steht knapp über dem Horizont* (das Sonnenkind kauert sich zusammen) *und die Bienen kehren heim, langsam und schwer vom Nektar, den sie gesammelt haben. Sie drängen sich im Stock um die Königin und werden ganz ruhig. *** Die Sonne versinkt* (das Sonnenkind verbirgt sein Gesicht) *und die Nacht bricht herein. Im Stock sind die Bienen reglos und still."*

Pochpoch

Nr. 12

Der Herzschlag verlangsamt sich im Laufe des Lebens. Wir singen ein Lied über das sehr schnelle Säuglingsherz, das schon langsamere Herz des Kindes und das ruhige Herz eines Erwachsenen.

1. Das Herz des kleinen Bruders schlägt,
das Herz schlägt schnell und schnell.
Poch, poch, poch, poch, poch, poch, poch,
poch, poch, poch, poch, poch, poch, poch.

2. Nun hör mal auf dein eignes Herz,
was glaubst du, wie es schlägt?
Poch, poch ...

3. Beim Spielen hörst du Papas Herz,
sein Herz schlägt ruhig und stark:
Poch, poch ...

Die 1. Strophe wird schnell gesungen, die 2. Strophe schon langsamer und die 3. Strophe noch einmal langsamer und besonders kräftig. Das Lied verbindet so Langsamkeit mit Stärke und Erwachsensein, also mit dem, was Kinder oft gern sein möchten.

Hoch die Schaukel

Nr. 13

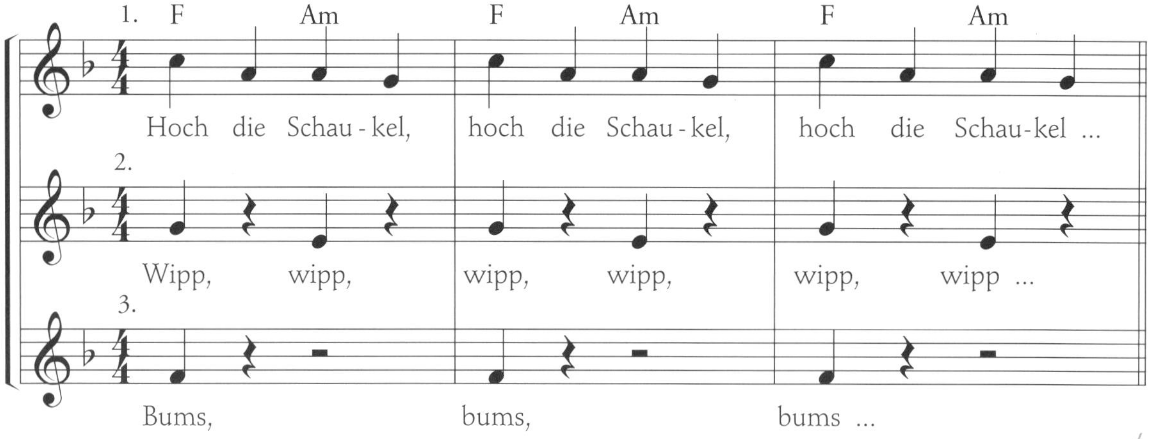

1. Stimme: Hoch die Schaukel, hoch die Schaukel, hoch die Schaukel ...
2. Stimme: Wipp, wipp, wipp, wipp, wipp, wipp ...
3. Stimme: Bums, bums, bums ...

Dieses Lied lässt sich als Kanon zu drei Stimmen singen: Die erste Gruppe beginnt mit der ersten Zeile und singt sie viermal. Dann geht sie zur zweiten Zeile über, während die zweite Gruppe mit der ersten Zeile beginnt. Beide singen ihre Zeile viermal. Dann rücken sie eine Zeile weiter und die dritte Gruppe beginnt mit der ersten Zeile. Danach beginnt alles wieder von vorn und geht weiter, solange die Kinder wollen. Immer singt also eine Gruppe „Hoch die Schaukel", eine andere „Wipp, wipp" und die letzte „Bums".

Für unser Thema interessant ist die Länge des Einsatzes: Die erste Zeile hat pro Zeiteinheit vier Silben, die zweite zwei und die dritte nur eine.

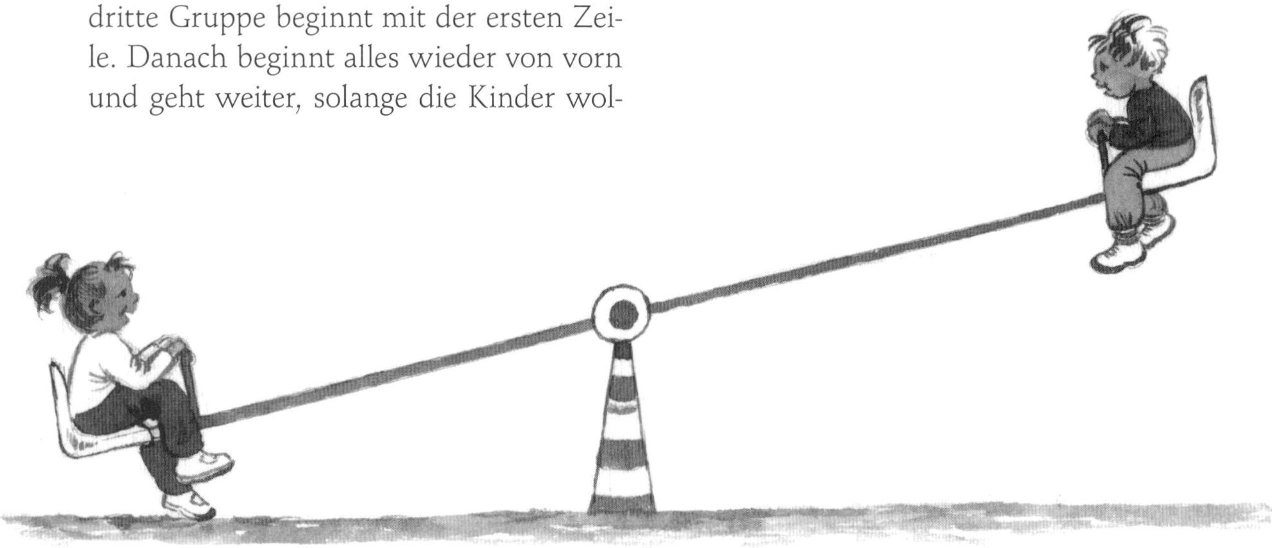

Mäusejagd

Die Kinder spielen Kätzchen auf der Mäusejagd. Dazu bewegen sie sich im Kreis. Die Spielleitung erzählt dazu:

*„Die Kätzchen sind heute zum ersten Mal allein unterwegs in der Welt. Was ihnen da nicht alles begegnet! Langsam schleichen sie vorwärts und achten genau auf alles um sich herum. *** Was ist denn das da vorn? Ist das nicht eine unvorsichtige Maus? Die Kätzchen bleiben stehen und ducken sich. Sie sind so ruhig wie möglich, damit sie von der Maus nicht entdeckt werden. *** Nun schleichen die Kätzchen wieder voran – aber ganz, ganz langsam und vorsichtig. *** Da hat sie die Maus entdeckt und springt davon. Die Kätzchen stürmen hinterher. *** Ein Loch – die Maus ist verschwunden. Die Kätzchen bleiben stehen und schnuppern am Mausloch. *** Die Maus ist klug und lässt sich nicht blicken. Die Kätzchen schleichen weiter durch die Wiesen. ****

*Aber was ist das? Die Kätzchen bleiben stehen und ducken sich: Geht da nicht eine Bewegung durchs Gras? Die Kätzchen schleichen heran. Dann stürmen sie los. – Aber es war nur der Wind, keine Maus ist weit und breit zu sehen. Die Kätzchen schreiten wieder über die Wiese. *** Doch piept da nicht etwas am Hang? Die Kätzchen bleiben stehen und lauschen. Dann schleichen sie los, langsam, ohne irgendwelche Geräusche zu machen. Und wirklich: Dort hinter den Heckenrosen sitzt eine Maus und putzt sich. Die Kätzchen stürmen los. Auch die Maus rennt. Und da ist schon das Mausloch, die Maus stürzt sich hinein. Die Kätzchen stehen still und schnuppern am Loch. Dann ziehen sie weiter. *** Unversehens sind die Kätzchen wieder im Dorf angekommen. Sie laufen zur Scheune und legen sich hin. Sie räkeln und strecken sich. Dann liegen sie ganz ruhig. Auch die Katzenmama ist da. Sie erzählt den Kätzchen eine Geschichte.“ ****

Mauselchen

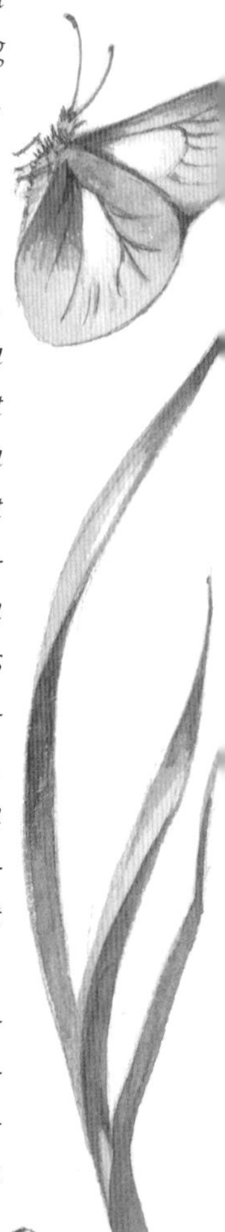

Die kleinen Mäuslein wollen zum ersten Mal hinaus aus dem Bau. Mama Maus gibt ihnen die letzten Anweisungen: „Ihr müsst bloß mit der Katze aufpassen, der geht ihr bitte aus dem Weg. Und Vorsicht vor dem Bussard und vor dem Falken, auch vor den Krähen und Elstern! Und auch auf die Hunde gebt gut acht! Ich will euch alle wieder heil hier unten sehen!" – „Gibt es jemanden, vor dem wir nicht aufpassen müssen?", piepst Mauselchen, der Kleinste. „Ja, ganz viele sogar", antwortet Mama Maus. „Vor dem Schmetterling habt keine Angst. Auch vor der Amsel nicht, hört ruhig zu, wie schön sie singt! Oder die Grille! Auch der Marienkäfer, der tut euch nichts. Und der Regenwurm auch nicht. Die Gräser sind freundlich, die Sonne, der Wind ... Ich kann sie gar nicht alle aufzählen, so schön ist die Welt! – Aber vor der Katze gebt acht!"

Die kleinen Mäuse wollen hinaus, aber Mama Maus hält sie noch einmal zurück. „Wisst ihr, wozu ein Mauseloch da ist?" – „Sag's uns!" – „Um ganz, ganz schnell drin zu verschwinden!" – „Macht das die Katze auch so?", piepst Mauselchen. „Die ist zum Glück zu fett", antwortet Mama Maus. Dann huschen die Mäuslein eines um das andere hinaus aus dem Bau. Auf der Wiese hinter dem Haus tauchen sie auf. Erst staunen sie, dann huschen sie jedes für sich durch das Gras auf der Suche nach Abenteuern. Mauselchen ist zurückgeblieben. Er hat nämlich über dem Kirschbaum den Himmel entdeckt: so groß, so blau! Ob er auf den Himmel auch aufpassen muss? Das Weiße müssen die Wolken sein, von denen Mama Maus abends erzählt hat. Die bewegen sich, aber das Blau ist ganz ruhig. Mauselchen spürt sein kleines Herz pochen. Er kann den Blick kaum von dieser großen Ruhe wenden. Aber da gibt es ringsum noch so vieles andere. Jeder Grashalm ist anders, und jeder schmeckt verschieden! Mauselchen knabbert ein wenig daran, während er den Weg entlang läuft. Langsam knabbert er sich so hinein in die Welt.

Am Abend sind die Mäuslein alle im Bau zurück. Stolz berichten sie von ihren Abenteuern. Auch Mauselchen hat viel zu erzählen: von der Weinbergschnecke, der er begegnet ist, vom Geräteschuppen und vom Komposthaufen in der Ecke am Nachbarhaus. Auch von den Menschenkindern berichtet er. Am längsten aber erzählt er von den ziehenden Wolken und vom Himmel mit seinem unglaublichen Blau.

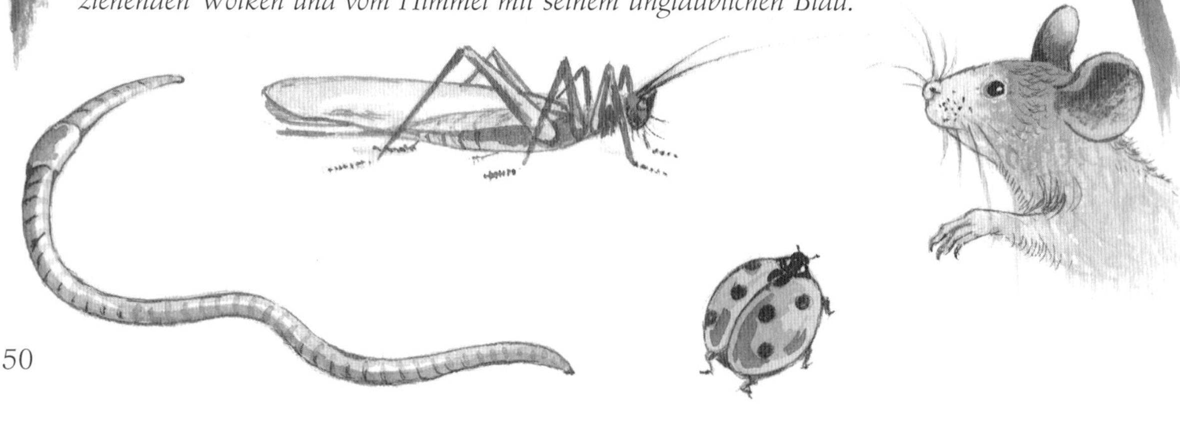

Das Gras wächst nicht schneller,
wenn man daran zieht.
(Sprichwort)

Der Kolibri

Nr. 14

Der Kolibri, der Kolibri ist flink, flink, flink. (2 ×)
Weite Kreise zieht der Adler, zieht der Albatros. (2 ×)

Die Kinder singen die erste Zeile schnell und die zweite Zeile langsam.

Kleine Bären wollen naschen

Die Kinder spielen kleine Bären im Wald auf der Suche nach etwas zu schlecken. Dazu bewegen sie sich im Kreis, während die Spielleitung erzählt:

*„Die kleinen Bären wandern hintereinander durch den Wald. Was es da alles zu schlecken gibt! Auf niedrigen Sträuchern dicht über dem Boden wachsen Heidelbeeren. Die kleinen Bären bücken sich und pflücken davon. *** Und da sind Sträucher mit Brombeeren. Die kleinen Bären pflücken im Vorbeigehen davon. Manche Zweige hängen tief, andere hoch – die kleinen Bären beugen sich und recken sich, um auch ja alle Brombeeren zu erreichen. *** Aber da sind noch andere kleine Bären unterwegs im Bärenwald – die könnten ihnen bei den besten Beeren zuvorkommen! Die kleinen Bären beeilen sich, sie rennen, um zu den saftigsten Brombeeren zu kommen. Noch im Rennen pflücken sie Brombeeren und stopfen sich ihre Schleckermäuler voll. Sie bücken sich im Rennen und strecken sich hoch, um alle Brombeeren zu erreichen. *** Doch oh weh – jetzt haben sie sich in den Ranken eines Brombeerbuschs verfangen. Sie drehen sich hin, sie drehen sich her. Und zupfen sich noch ein paar Blätter und Dornen aus ihrem Pelz. Dann gehen sie weiter und pflücken wieder von den Beeren, unten auf dem Boden und über ihrem Kopf. *** Bald sind die kleinen Bären müde geworden. Sie suchen sich Moospolster im Wald und legen sich darauf zur Ruhe. Sie schließen die Augen. Ihre Glieder sind schwer, ganz schwer. Spürst du, wie schwer die Glieder sind? *** Und warm ist ihnen, angenehm warm. Spürst du die Wärme auch in dir? *** Ihr Atem geht ein und aus, ein und aus, ganz ruhig und gleichmäßig, ganz von allein. Sie träumen. Sie träumen von einem kleinen Bären."* ***

Die Spielleitung erzählt die folgende Geschichte vom „Kleinen Bär im Brombeerfeld" oder beendet die Ruhephase nach kurzer Zeit.

Kleiner Bär im Brombeerfeld

Der kleine Bär schlendert durch den Wald auf der Suche nach Abenteuern. Wie das Licht durch die Baumwipfel bricht! Ein Fächer von Strahlen steht zwischen den Bäumen. Vögel pfeifen. Die Luft ist kühl und klar.
Der kleine Bär lauscht ins Weite. Während er mit offenem Mund staunt, brummt dicht vor ihm eine Hummel vorbei. Er schnappt nach ihr – doch sie ist schon weg. Der kleine Bär trottet in die Richtung, in die sie geflogen ist. Was raschelt dort drüben im Unterholz? Der kleine Bär geht darauf zu. Da springt ein Hase heraus und saust ab wie der Blitz – der kleine Bär hinterher. Der Hase zieht einen Hinterlauf nach, als sei er verletzt. Der kleine Bär ist ihm dicht auf den Fersen. Immer näher kommt er heran.
Im Wald liegt eine große Lichtung, da hat der Sturm vor Jahren die Bäume umgeblasen. Sie blieben dort liegen, und Dornenhecken wachsen nun zwischen den Stämmen. Der Hase springt einen Wildpfad zwischen die Hecken hinein. Der kleine Bär will folgen, aber er ist viel dicker und die Dornenranken halten ihn fest. Er zerrt, er reißt und er schafft es sogar, ein Stückchen hineinzukommen ins Dornengestrüpp. Aber dann wird es zu dicht. Der Hase ist längst schon in Sicherheit. Der kleine Bär brummt vor Enttäuschung. In seinem Pelz haben sich Dornen verfangen. Er zerrt an den Ranken, er schlägt mit seinen Tatzen dagegen – aber die Dornen kümmert das nicht. Da wird der kleine Bär plötzlich ganz ruhig. Er schließt die Augen und atmet einige Male tief durch.

Als er die Augen wieder öffnet, ist die Welt wie verwandelt. Vögel pfeifen, alles um ihn ist ruhig und klar. Der kleine Bär pflückt eine schwarze Beere von der Ranke vor ihm und kostet: eine Brombeere, süß! Der kleine Bär hat den Hasen völlig vergessen. Er nascht von den köstlichen Beeren ringsum. Umgeben von Brombeerbüschen hat der kleine Bär einen Platz gefunden, wo er sich mit vollem Bauch hinlegt. Er zupft sich noch ein paar Dornen aus dem Pelz und ein Brombeerblatt. Er leckt sich die Tatzen.
Da liegt der kleine Bär nun – ganz ruhig. Spürst du, wie ruhig er ist? Die Ruhe ist überall in ihm, ganz tief. – Schwer sind die Tatzen des kleinen Bären, ganz schwer. Fühlst du, wie schwer seine Tatzen sind? Der kleine Bär ist schwer, ganz schwer. – Warm sind die Tatzen des kleinen Bären, schön warm. Fühlst du, wie warm sie sind? Die Wärme strömt durch seinen ganzen Körper. Der kleine Bär ist warm, schön warm. – Sein Atem geht ein und aus, ein und aus, ganz ruhig und gleichmäßig, ganz von allein. – Der kleine Bär ist ruhig, schwer und warm – ruhig, schwer und warm. – So liegt der kleine Bär ein Weilchen und ruht sich aus. Er ruht sich aus und lässt die neue Kraft tief in sich wachsen.

Wir halten unsre Hände

Nr. 15

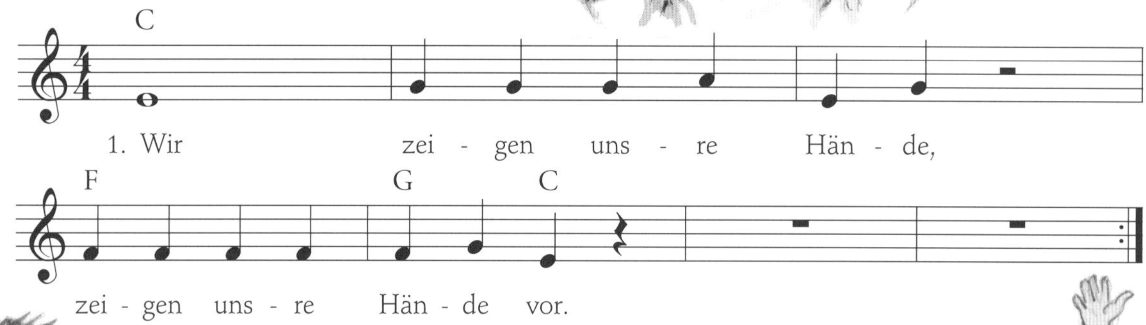

1. Wir zeigen unsre Hände, zeigen unsre Hände vor.
2. Wir heben unsre Hände, heben unsre Hände hoch.
3. Wir strecken uns zum Himmel, strecken uns zum Himmel hoch.
4. Wir beugen uns zur Erde, beugen uns zur Erde tief.
5. Wir halten unsre Hände, halten unsre Hände gut.

Die erste Silbe jeder Strophe wird stark verlängert. Zu jeder Strophe machen die Kinder im Kreis Bewegungen entsprechend den einzelnen Inhalten:

1. Sie zeigen ihre Hände zur Kreismitte.
2. Sie heben ihre Hände leicht nach oben.
3. Sie strecken ihre Hände zur Decke.
4. Sie beugen sich zum Boden und richten sich wieder auf.
5. Sie fassen sich an den Händen und halten sie.

Die letzte Strophe können die Kinder mehrmals wiederholen.

Variante

Mit Schritten wird ein kleiner Tanz daraus: Die Kinder federn bei „Wir" viermal im Takt auf und ab (für vier Viertelnoten) und gehen danach mit dem rechten Fuß beginnend im Kreis, einen Schritt bei jeder Silbe (jeder Viertelnote). Bei „gut" bleiben sie stehen und federn die ausgehaltenen Notenpausen (neun Viertelnoten). Weiterfedernd beginnen sie von vorn mit „Wir" usw.

Kleine Bären aufgewacht

Die Kinder spielen kleine Bären im Wald, die gerade aufgewacht sind. Dazu stehen sie im Kreis und lauschen der Spielleitung:

*„Es ist Morgen im Bärenwald. Ein erster Sonnenstrahl fällt in die Bärenhöhle. Die Bären erwachen, sie recken und strecken sich. Reckt und streckt nun auch ihr euch, wie die kleinen Bären in ihrer Höhle! *** Noch ganz schlaftrunken torkeln die kleinen Bären los in den Wald.* (die Kinder bewegen sich langsam im Kreis) **** Sie kommen an den Waldbach. Sie bücken sich und waschen ihr Gesicht mit dem klaren Wasser. Nun sind sie gleich viel munterer.* (stehen bleiben und das Gesicht waschen) **** Sie trotten weiter, hinein in den Wald zu einem Morgenspaziergang. Ein Hase springt auf, als sie herankommen. Die kleinen Bären stürmen hinter ihm her. *** Der Hase ist verschwunden, die kleinen Bären werden wieder langsamer. *** Da ist ein Eichhörnchen: Es flüchtet den Baum hinauf. Die kleinen Bären recken und strecken sich, aber sie kommen nicht so hoch. *** Weiter geht es durch den Wald. Sind das da vorn nicht die Ohren des Hasen? Die kleinen Bären springen schnell hinterher. *** Nein, es sind nur Zweige im Wind! Die kleinen Bären trotten wieder langsamer."*

(So können die kleinen Bären noch einige Male etwas begegnen, das sie schneller werden, sich recken oder sich bücken lässt: Der Hase taucht wieder auf, ganz oben im Brombeergestrüpp hängen ein paar Brombeeren, am Boden liegen Haselnüsse ...)

*Dann sind die kleinen Bären müde geworden. Sie suchen sich Moospolster im Wald und legen sich darauf zur Ruhe. Sie schließen die Augen. Ihre Glieder sind schwer, ganz schwer. Spürst du, wie schwer die Glieder sind? *** Und warm ist ihnen, angenehm warm. Spürst du die Wärme auch in dir? *** Ihr Atem geht ein und aus, ein und aus, ganz ruhig und gleichmäßig, ganz von allein. *** Sie träumen. Sie träumen von einem kleinen Bären."*

Die Spielleitung schließt die folgende Geschichte „Kleiner Bär am Joggerpfad" an oder beendet die Stillephase nach kurzer Zeit.

Kleiner Bär am Joggerpfad

Der kleine Bär ist weit gewandert. In diesem Teil des Waldes war er noch nie. Hinter den Bäumen schimmern Häuser. „Halte dich von den Menschen fern", erinnert sich der kleine Bär an die Ermahnung der Mutter. „Aber ich bin ja fern", sagt sich der kleine Bär. „Wenn ich die Augen zumache, sind die Häuser ganz fort." Er schließt seine Augen – und tatsächlich: Die Häuser sind nicht mehr zu sehen. Nicht mal der Baumstamm, hinter dem der kleine Bär steht.

Da tönen Schritte, und sie kommen näher! Der kleine Bär öffnet die Augen wieder und duckt sich hinter ein Gebüsch. Ein Mensch keucht und prustet heran, und schon ist er wieder um eine Biegung des Pfades verschwunden. „Mal sehen, von was er verfolgt

wird", denkt sich der kleine Bär und bleibt auf der Lauer. Aber kein Löwe erscheint, kein Drache oder ein anderes mächtiges Tier, von dem ihm die Mutter vor dem Einschlafen immer erzählt. Nur zwei weitere Menschen, die auch keuchen und prusten. „Das schaue ich mir mal näher an", sagt sich der kleine Bär, als sie wieder verschwunden sind. Er kommt aus seinem Versteck, schleicht zum Pfad und schnüffelt an den Spuren der Menschen.
Plötzlich hört er erneut ein Stampfen! Der kleine Bär verschwindet hinter einem Gebüsch auf der anderen Seite des Pfades. Wieder rennt ein Mensch vorbei, und gleich danach noch einer. „Das ist ein Spiel", denkt sich der kleine Bär plötzlich und überlegt, ob er mitspielen und hinter den Menschen auf dem Pfad her prusten und keuchen soll. Doch da steigt ihm auf einmal ein angenehmer Geruch in die Nase. Von den ganz fernen Häusern her kommt er, die jetzt allerdings schon ganz schön nahe sind. „Da macht es nichts, wenn ich noch ein bisschen näher heranschleiche um zu sehen, woher dieser leckere Geruch kommt", denkt sich der kleine Bär. Und er schleicht näher, ganz vorsichtig.

Vor einem der Häuser entdeckt er einen Zaun mit einem Loch – und dann sieht er auch schon, woher der wunderbare Duft stammt: von einem Komposthaufen! Der kleine Bär weiß gar nicht, was er zuerst probieren soll. Er reißt ein oder zwei Zaunlatten weg, um besser an das Gemüse zu kommen. Hm, wie der Blumenkohl schmeckt!
„Was ist denn das?", hört er plötzlich eine Stimme am Haus. Da stehen zwei Kinder, die zu ihm herüberstarren. „Teddy?", fragt eines von ihnen zaghaft. Da saust der kleine Bär durch das Loch im Zaun. Gerade kommt wieder ein Mensch den Pfad entlang gekeucht und geprustet, dem springt der kleine Bär fast über die Füße. Dann ist er in Sicherheit, zwischen den hohen Stämmen der Buchen. Er läuft noch ein ganzes Stück weiter, bis er weit, weit weg von den Menschen ist und den Wald wieder kennt. An einer schönen Stelle am Bach legt er sich hin und ruht aus.
Da liegt der kleine Bär nun – ganz ruhig. Spürst du, wie ruhig er ist? Die Ruhe ist überall in ihm, ganz tief. – Schwer sind die Tatzen des kleinen Bären, ganz schwer. Fühlst du, wie schwer seine Tatzen sind? Der kleine Bär ist schwer, ganz schwer. – Warm sind die Tatzen des kleinen Bären, schön warm. Fühlst du, wie warm sie sind? Die Wärme strömt durch seinen ganzen Körper. Der kleine Bär ist warm, schön warm. – Sein Atem geht ein und aus, ein und aus, ganz ruhig und gleichmäßig, ganz von allein. – Der kleine Bär ist ruhig, schwer und warm – ruhig, schwer und warm. – So liegt der kleine Bär ein Weilchen und ruht sich aus. Er ruht sich aus und lässt die neue Kraft tief in sich wachsen.

Schritt-Takt

Material: Handtrommel

Die Spielleitung gibt auf der Trommel einen Takt vor, zu dem die Kinder im Kreis gehen. Der Takt ändert sich immer wieder, wird schneller, langsamer und schließlich ganz langsam. Die Spielleitung erzählt dazu eine Bewegungsgeschichte:

„Die Wanderer sind früh am Morgen aufgebrochen. Frisch und munter gehen sie durchs Tal. *** (Takt verlangsamen) *Dann geht es einen Bergpfad hinauf - puh, ist der steil! Die Wanderer werden ganz langsam.* *** (Takt schneller) *Dann haben sie es geschafft. Auf der Almwiese geht es wieder gut voran. Blumen blühen und eine Lerche singt über ihnen.* *** (Takt langsamer) *Nochmal ein Anstieg durch den Kiefernwald.* *** (Takt schneller) *Dann geht es abwärts in ein kleines Tal. Die Wanderer springen über die Steine, denn unten haben sie ein Rasthaus entdeckt!* *** (Takt langsamer) *Das Rasthaus hat geschlossen! Wieder geht es den Berg hinauf durch den Kiefernwald.* *** (Takt noch langsamer) *Überall hängen Beeren an den Sträuchern. Die Wanderer gehen in den Wald hinein, pflücken Beeren von den Zweigen und naschen.* ***
(Takt hört mit einem kräftigen Schlag auf) *Doch was ist das? Die Wanderer stehen stocksteif! Sie sind nicht allein: Ein Braunbär hält mit Beerenpflücken inne und schaut die Wanderer an. Die Wanderer schauen den Bären an. Dann öffnet der Bär sein Maul - und gähnt.* *** (Takt ganz schnell) *Die Wanderer rennen davon. Immer wieder drehen sie sich um, um zu sehen, ob der Bär ihnen folgt. Manch einer prallt gegen eine Kiefer - und läuft weiter.* ***
(Takt langsamer) *Die Wanderer kommen an eine Hängebrücke. Sie gehen ganz vorsichtig über den Abgrund und achten genau auf jeden ihrer Schritte. Ganz vorsichtig setzen sie den Fuß auf, und ganz vorsichtig heben sie ihn ab. Mit den Händen halten sie sich an den Seilen links und rechts fest.* *** (Takt schneller) *Geschafft! Die Hängebrücke liegt hinter ihnen. Die Wanderer gehen fröhlich über eine Bergwiese.* *** (Takt noch schneller) *Da ist ja wieder ein Gasthaus. Wird auch Zeit, denn die Sonne neigt sich schon zum Abend. Die Wanderer beeilen sich.* ***
(Takt langsamer) *Angekommen. Die Wanderer steigen die Stiege hinauf zum Matratzenlager! Sie legen sich hin und ruhen sich aus von ihrem ersten Wandertag."*

Der Pfeil ist schnell, aber er fliegt nur zwei Meilen weit, weil er aufhört. Der Schritt des Menschen ist langsam, aber er kommt hundert Tagesreisen weit, weil er nicht aufhört.

(Lü Bu We, chinesischer Kaufmann und Politiker, um 300–235 vor der Zeitrechnung)

Wellen

Nr. 16

Kleine Wellen, kleine Wellen,
kleine Wellen plätschern.
Doch die große, ruhige Welle
braust von fern heran.

Das Lied beginnt flott. Ab der dritten Zeile singen die Kinder langsamer. Es bieten sich mehrere Durchgänge an.
Zusätzlich können die Kinder das Lied mit den Händen begleiten: Bei den „kleinen Wellen“ bewegen sie die Finger rasch vor dem Körper vor und zurück, das ist das schnelle Plätschern. Bei der „großen Welle“ breiten sie die Arme weit aus und führen sie nach oben. Am Ende entsteht aus dieser Bewegung wieder das Plätschern der „kleinen Wellen“.

Oh, eine Weinbergschnecke!

Viele Dinge erkennen wir erst dann, wenn wir langsam sind – zum Beispiel eine Weinbergschnecke!

Die Kinder machen mit der Spielleitung zusammen ein Sprechspiel. Sie lernen dazu erst den Sprechablauf und danach den Bewegungsablauf.

Alle stellen sich im Kreis auf. Ein Kind hockt sich als Weinbergschnecke in die Mitte und verbirgt sein Gesicht.
Spielleitung: *„Wann sehen wir die Weinbergschnecke? Sehen wir sie vom Flugzeug aus?“*
Kinder: *„Nein, das ist zu schnell.“*
(Alle Kinder bewegen sich wie ein Flugzeug schnell mit ausgebreiteten Armen auf der Kreisbahn.)
Spielleitung: *„Sehen wir sie vom Auto aus?“*
Kinder: *„Nein, das ist zu schnell.“*

(Die Kinder bewegen sich wie ein Auto auf der Kreisbahn.)
Spielleitung: *„Sehen wir sie vom Fahrrad aus?"*
Kinder: *„Nein, das ist zu schnell."*
(Die Kinder bewegen sich wie ein Fahrrad.)
Spielleitung: *„Sehen wir sie beim Spazierengehen?"*
(Das Weinbergschnecken-Kind zeigt sein Gesicht.)
Kinder: *„Ja! Da ist die Weinbergschnecke!"*
(Die Kinder gehen gemächlich spazieren, bis das Weinbergschnecken-Kind die Arme ausbreitet. Alle bleiben stehen, blicken zu ihm hin und sagen zusammen dreimal:)
„Oh, eine Weinbergschnecke!"

Das Spiel beginnt von vorn mit einem anderen Kind in der Mitte, das vielleicht eine Blume oder ein Glückskleeblatt darstellt.

Schnecke, sag

Nr. 17

1. Schnecke, sag,
wie kommst du auf
den Maulwurfshaufen rauf?
Zug um Zug,
ganz langsam. (3 ×)

2. Schnecke, sag,
wie kommst du auf
den Feldberg hinauf?
Zug um Zug,
ganz langsam. (3 ×)

3. Schnecke, sag,
wie kommst du auf
die Zugspitze hinauf?
Zug um Zug,
ganz langsam. (3 ×)

Die ersten drei Zeilen jeder Strophe singen die Kinder in zügigem Tempo. Ab „Zug um Zug" singen sie jeweils langsamer und lauter. In der 3. Strophe singen sie die letzten beiden Zeilen besonders langsam und laut.

Sprichwörter

Die Spielleitung nennt Sprichwörter und Redewendungen zu „langsam" und „schnell". Die Kinder kommentieren oder stellen szenisch dar, z. B.:
„Wer weiß, was damit gemeint ist: ‚Wer schnell ans Ziel will, muss langsam gehen?' Die Kinder kommentieren: *„Sich Zeit nehmen, gerade wenn es eilig ist, sonst bricht sich einer womöglich das Bein."* Oder: *„Lange rennen geht nicht, sonst wirst du müde und musst dich ausruhen. Wer langsam geht, kann viel länger gehen."*
Die szenische Darstellung könnte folgendermaßen aussehen: Ein Kind spielt frühes Aufwachen am Morgen, reckt und streckt sich, schlägt sich mit der Hand gegen die Stirn und ruft: *„Ich muss ja schnell in die Stadt!"* Es fängt an zu rennen, hält sich aber dann die Seiten und sagt: *„Wer schnell ans Ziel will, muss langsam gehen."* Danach geht es langsamer, aber entschieden weiter.
Hinweis: Bei den Besprechungen sollte nicht vergessen werden, dass Sprichwörter zuspitzen: Sie tragen zwar einen wahren Kern in sich, vernachlässigen dabei oft aber andere Aspekte: Wer im Schneckentempo geht, kommt zwar auch an, meist aber eben doch später als einer, der eilt. Die Spielleitung regt die Kinder zur Diskussion und zum Hinterfragen an.

Folgend eine Fülle von Sprichwörtern und Redewendungen zur positiven Darstellung von Langsamkeit. Hiervon kann einiges (nicht alles) zur Besprechung mit Kindern ausgesucht werden. Die Anzahl der Sprichwörter reicht für mehrere Spiele. Zunächst steht immer das Sprichwort und dahinter eine kurze Erläuterung. Alternativ finden sich über das Buch verteilt zusätzliche Sprichwörter und Zitate in Kästen.

Eile langsam!
Beeil dich zwar, aber sei nicht hastig oder nachlässig, damit du nicht stolperst oder irgendwelche Fehler machst.
Eile ist gut, sagte das Chamäleon, aber Weile auch.
Warum sagt gerade das Chamäleon das? Weil es seine Farbe ändern kann, je nachdem, wie die Umgebung ist. Im grünen Laub ist es grün, auf Sand gelb. Es kommt also auf die Umstände an!
Eile kommt nicht allein.
In der Bedeutung von: Reue kommt mit, weil etwas, das hastig gemacht wird, meist schlecht wird.
Wer langsam geht, geht sicher.
Wer schnell läuft, kann auf der Treppe stolpern und hinfallen. Langsam gehend passiert das nicht so schnell.
Wer langsam geht, kann lange gehen.
Wer sich Zeit lässt, hat längere Ausdauer. Wer schnell macht, erschöpft bald.

Je größer die Eile, umso schlechter das Werk.
Wenn jemand z. B. ein Bild ganz schnell malt, wird das Bild wahrscheinlich nicht sehr schön.
Was man tut in Eile, bereut man in Weile.
Das hastig Getane, vielleicht ein gemaltes Bild, wird vermutlich schlecht oder hässlich. Wer es anschaut, ärgert sich lange darüber.
In Eile gekocht gibt kein gutes Essen.
Wenn man sich für etwas Zeit lässt, wird es besser.
Nichts in Eile – außer die Flohjagd.
Bei Flöhen heißt es schnell sein, sonst lassen sie sich nicht erwischen. (Aber wann hat einer schon mal Flöhe!)

Hast du Eile, zieh dich langsam an.
Sonst verhedderst du dich womöglich und es dauert viel länger. Auch wenn etwas schnell sein muss: Sei in der Vorbereitung gründlich.
Langsam kommt man am weitesten.
Wenn du zu schnell bist, verunglückst du etwa oder bist bald erschöpft und gibst auf.
Man kommt schnell in einen Streit, aber langsam wieder heraus.
Überleg dir bei dem, was du tust, wohin es dich bringt.
Sei langsam im Bösen, aber schnell im Guten.
Fang etwa nicht so schnell einen Streit an, denn der kann unangenehme Folgen haben. Aber etwas Gutes tun ist immer gut, deshalb kannst du das auch immer sofort tun.
Was man langsam gelernt, bleibt lange hängen.
Sich ausführlich mit etwas beschäftigen bringt dich weiter, als wenn es nur oberflächlich ist und deshalb schnell vergessen wird.
Der Ochse geht langsam, zieht aber gut.
Früher wurden Wagen oder Pflüge auch von Ochsen gezogen. Sie waren langsamer als Pferde, aber kräftiger und ausdauernder.
Der Ochse geht langsam, macht aber gerade Furchen.
Weil der Ochse langsam ist, gelingen ihm die Dinge auch gut. Wäre er schnell, wäre die Ackerfurche nicht so gut gezogen.
Langsam der Rat, schnell sei die Tat.
Überlegen solltest du langsam, damit du alles bedenkst. Aber beim Handeln ist es oft gut, wenn es schnell ist.

Im Wald

Nr. 18

Der Bär tappt durch den grünen Wald –
dann wird er still, dann wird er still.

Das Reh geht durch den grünen Wald –
dann wird es still, dann wird es still.

Der Fuchs (Der Hirsch/Der Wolf/
Der Luchs) geht ...
Der Has (Der Frosch) hüpft ...

Menschenkinder dort am Waldbach
lauschen wie das Wasser strömt. (2 ×)

Die erste Zeile singen die Kinder schnell und laut, die zweite Zeile dagegen betont leise und langsam. Das gilt entsprechend für alle anderen Tiere.
Die beiden Abschluss-Zeilen werden erst mit normaler Lautstärke gesungen und dann leise wiederholt. Beide Male singen die Kinder zunehmend langsamer.

Gut versteckt

Nr. 19

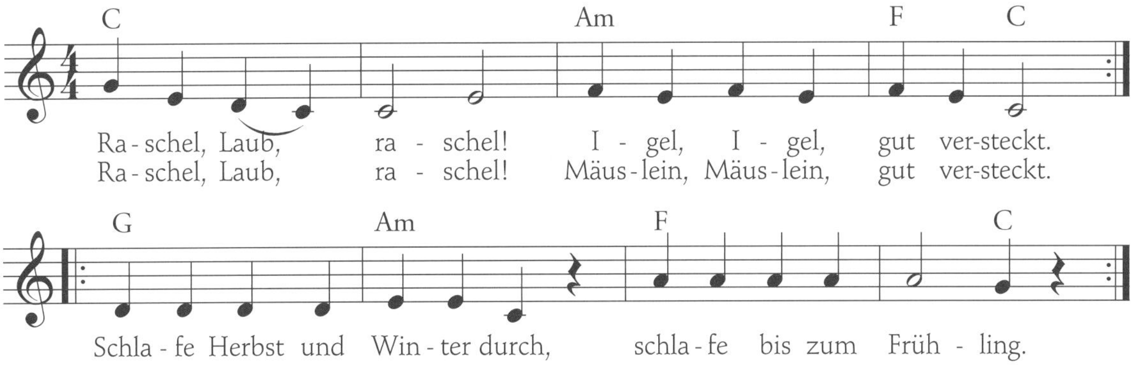

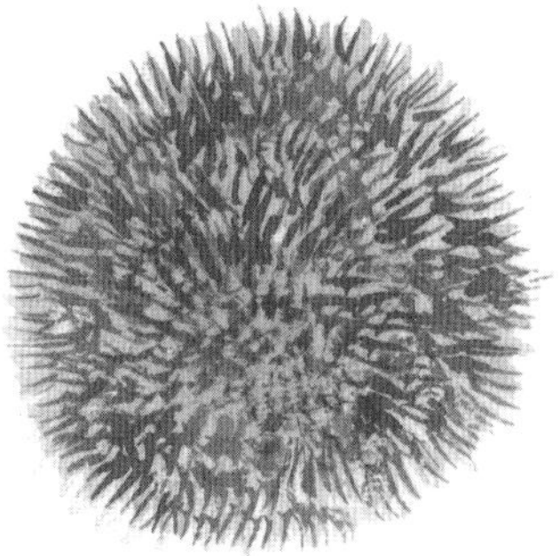

Raschel, Laub, raschel!
Igel, Igel, gut versteckt.

Raschel, Laub, raschel!
Mäuslein, Mäuslein, gut versteckt.

Schlafe Herbst und Winter durch,
schlafe bis zum Frühling. (2 ×)

Das Lied kann normal gesungen oder auch einfach der Text gesprochen bzw. geflüstert werden: Die erste Zeile in normaler Lautstärke, die zweite leise gesungen oder geflüstert. Entsprechend der nächste Zweizeiler.

Die letzten beiden Zeilen werden das erste Mal laut gesungen oder gesprochen und bei der Wiederholung leise gesungen bzw. geflüstert. Die letzte Zeile wird beide Male immer mehr verlangsamt.

Laufsteg

Material: Verkleidungskiste

Je zwei Kinder, ein Junge und ein Mädchen, zeigen auf dem Laufsteg die aktuelle Mode. Aber nicht als normale Models, sondern im Mode-Spezial „Berufe". Sie sollen sich auf dem Laufsteg so vor- und zurückbewegen, wie die Personen, die sie darstellen. Die Spielleitung verteilt die Rollen. Das können sein:

- Feuerwehrmann und Feuerwehrfrau
- König und Königin
- Bankdirektor und Bankdirektorin
- Kellner und Kellnerin
- Yogalehrer und Yogalehrerin
- Goldschmied und Goldschmiedin
- Fußballspieler und Fußballspielerin
- Korbflechter und Korbflechterin
- Bauer und Bäuerin
- Juwelier und Juwelierin
- Fabrikarbeiter und Fabrikarbeiterin

Die Spielleitung gibt den Kindern Anregungen zur Gestaltung ihrer Rollen: Bewegt sich die Person, die sie darstellen, eher langsam oder schnell? Zeigt die Person sich her, präsentiert sie sich oder eher nicht? Wirkt sie eher hastig oder gemütlich? Wirkt sie eher offen oder eher verschlossen?
Alle Paare stellen sich aus der Verkleidungskiste und mit viel Fantasie eine Arbeitskleidung zusammen und präsentieren sich ihren Rollen entsprechend auf dem Laufsteg. Nach jedem Paar klatscht das Publikum. Am Schluss besprechen alle gemeinsam die Präsentationen: Wer war auffallend schnell oder langsam, hektisch oder ruhig? Und warum?

Igelherz

Nr. 20

Vögel fliegen in den Süden,
Igel gräbt sein Laubversteck.
Laubversteck, so still und warm,
Igelherz, so leis und langsam. (mehrmals wdh.)

Die letzte Zeile wiederholen die Kinder oft hintereinander. Dabei versuchen sie, jedes Mal noch ein wenig leiser und langsamer zu singen. Wie oft können sie die Zeile singen, bis nichts mehr zu hören ist?

Schöne Blumen wachsen langsam, nur das Unkraut hat es eilig.
(William Shakespeare)

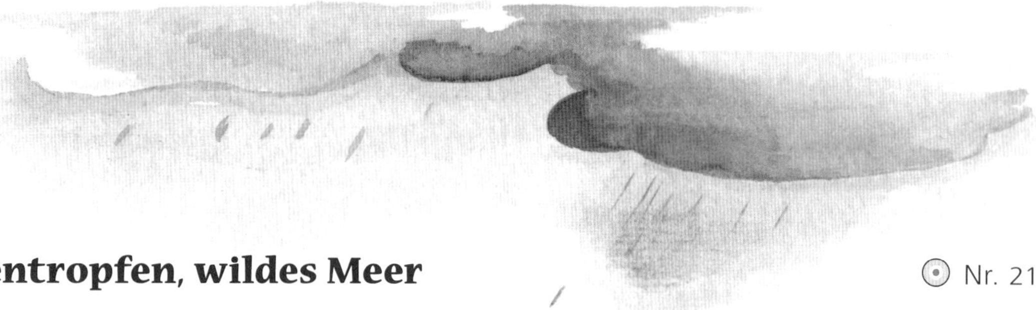

Regentropfen, wildes Meer

Nr. 21

Regentropfen, klatsch, klatsch, (2 ×)
klatsch in das wilde Meer,
wildes Meer rollt her. (2 ×)

Die erste Zeile singen die Kinder mit der Wiederholung leise und schnell. Die zweite Zeile singen sie laut, aber langsam, und die letzte Zeile wieder leiser, aber immer noch langsam und sehr intensiv. Sie wiederholen das Lied mehrere Male.

Vielfalt und Tiefe

Sich mit wenigem begnügen ist schwer,
sich mit vielem begnügen unmöglich.
(Marie von Ebner-Eschenbach, österreichische Schriftstellerin, 1830–1916)

Leichte Ablenkbarkeit, Unkonzentriertheit, mit allem schnell fertig sein, ruhelos und hastig vom einen zum anderen schweifen ... Auch so drückt sich der Verlust von Langsamkeit, von Sicherheit aus. Die Vielfalt der Dinge lenkt ab, verwirrt, macht unruhig. Ein Kleid oder eine Hose im Schrank, da wissen wir sofort, was wir anziehen wollen. Haben wir genug für zwei Kleiderschränke, heißt es nach einigem Probieren womöglich: „Ich habe *nichts* anzuziehen!"

Ein Überangebot an Gegenständen, an Reizen, fördert die Ruhelosigkeit und die zu beobachtende Schwierigkeit schon von Kindern, sich zu entscheiden. Dieses Überangebot ist aber Fakt. Auch wenn weniger oft besser wäre, müssen wir mit diesem Zuviel zurechtkommen. Kinder müssen entscheiden lernen, sie müssen lernen, sich durch die Vielfalt weniger ablenken zu lassen, von dem, worum es eigentlich geht. Das Ziel ist es nicht, sieben Hosen anzuziehen, sondern eine. Und das muss nicht die von allen vorhandenen beste sein, die zu den Umständen optimal passt, sie muss nur gut sein.

Auswahl soll ein Reichtum sein, kein Problem. Vielzahl soll nicht dazu führen, dass wir uns mit vielen Dingen schnell und oberflächlich beschäftigen, sondern soll uns die Freiheit geben auszusuchen, mit was wir uns gründlich beschäftigen wollen. Aber die Vielzahl stellt Forderungen an uns. Die Dinge wollen alle untersucht, die Filme alle gesehen, die Bücher alle gelesen, die Kleider alle anprobiert, die Spiele alle gespielt werden. Erst dann können wir ja wissen, welches Spiel das spannendste, welcher Film der interessanteste, welche Hose die schönste ist. Unter all dem Vielen könnte es immer noch etwas geben, das besser, schöner, spannender, passender, angemessener ist als das, was wir gerade vor uns haben. Also wandern die Augen schon weiter, während sich die Hände noch mit dem einen beschäftigen.

Auch tendieren wir dazu, zur Lösung von Aufgaben die Hilfsmittel einzusetzen, die gerade zur Verfügung stehen. Damit bringen wir uns oft um einfachere Lösungen. Der Computer will benutzt werden, wenn er schon mal dasteht. Ihn stehen zu lassen, wäre manchmal wahrscheinlich die bessere Lösung. Es ist der Aufforderungscharakter der Dinge, der uns oft Schwierigkeiten macht. Die Dinge wollen verwendet werden. Das kann uns von der optimalen Lösung von Aufgaben abhalten.

Wie finden wir uns hier zurecht? Wie erkennen wir, was die Dinge zu bieten haben, ohne uns davon aber verführen zu lassen? Wie erkennen wir, zwischen unserer

Aufgabe und ablenkenden Zusätzen zu unterscheiden? Verwirrt vom Vielen sind wir unruhig und schnell, ohne entschieden zu sein. Wenn wir ordnen können, entscheiden können, auch ausscheiden können, schwindet die Unruhe und wir können gelassener, langsamer werden.

Die Spiele, Übungen und Geschichten in diesem Kapitel beschäftigen sich mit diesem Thema. Es geht immer darum, *eine* Sache noch genauer zu untersuchen, also vertiefen zu lernen, oder etwas aus verschiedenen Blickwinkeln zu betrachten, sozusagen drum herumzugehen, immer *eine* Sache als Bezugspunkt, als Mittelpunkt. Sich mit einer Sache gründlich auseinanderzusetzen heißt auch immer wieder sich zu konzentrieren. Konzentrationsübungen zeigen Kindern, wie spannend es sein kann, sich mit einer Sache ganz zu beschäftigen, sich in eine Sache zu vertiefen. Die Vielfalt des anderen bleibt vorhanden – außerhalb. Wir wenden uns ihr zu, wenn wir es wollen.
Sich auf eine Sache zu konzentrieren kann auch in der Projektarbeit zu einem speziellen Thema mit Kindern geübt werden. Hier lernen sie, das Viele vor ihnen auf *eines* zu beziehen. Es gibt z. B. viele Möglichkeiten, sich mit Wasser zu beschäftigen: Die Kinder besuchen auf einem Spaziergang den Fluss, ein Wasserwerk, eine Quelle im Wald oder erfahren etwas über den Wasserkreislauf. Immer gibt es noch andere Möglichkeiten, sich dem Thema Wasser zu nähern. Sie entdecken einen Teilausschnitt der Vielfalt, die sie immer umgibt, und lernen, sich zwischen den vielen Möglichkeiten für einige wenige zu entscheiden.
Bei einigen Spielen in diesem Kapitel geht es neben Auswahl und Ordnung auch um Gründlichkeit, um ein längeres Verweilen bei einer Sache, als wir gewohnt sind, um ein Herausfinden möglichst vieler Zusammenhänge. Darüber hinaus gibt es Rollenspiele, bei denen eine Sache nicht immer weiterentwickelt wird wie in einer Geschichte, sondern in denen wir bei einem Ereignis bleiben und es von verschiedenen Seiten betrachten oder untersuchen, was zu dieser einen Sache alles passen könnte. Dies alles dient zur Entwicklung von Tiefe. Ein bewährter Weg dahin ist die Langsamkeit.

Eines nur machen

Nr. 22

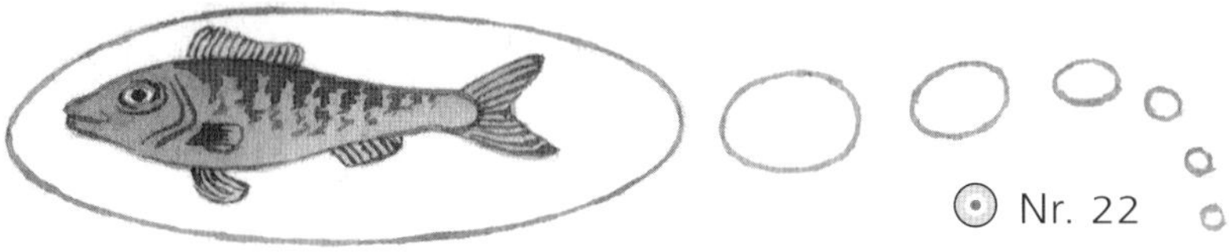

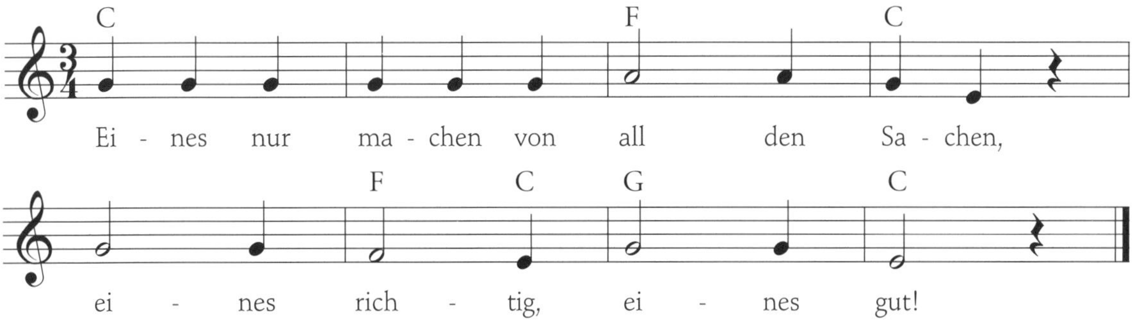

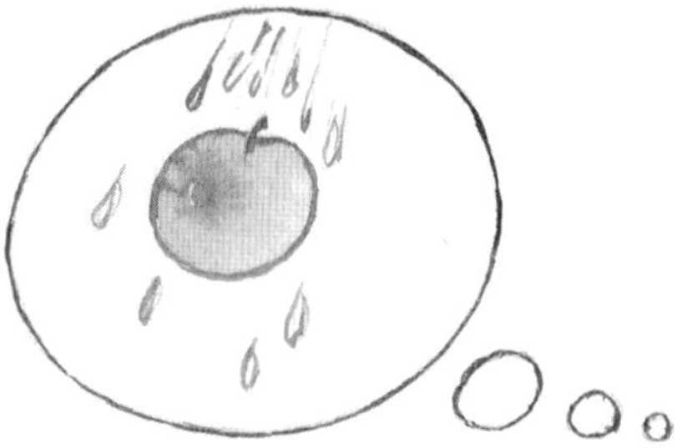

Eines nur machen
von all den Sachen,
eines richtig,
eines gut.

Das Lied eignet sich sehr gut zur Einstimmung auf das Thema Vielfalt, Auswählen und Vertiefung in *eine* Sache. Die Spielleitung bringt das Lied im Alltag immer mal wieder ein, wenn sich die Kinder z. B. für ein Spiel oder ein Thema entscheiden müssen.

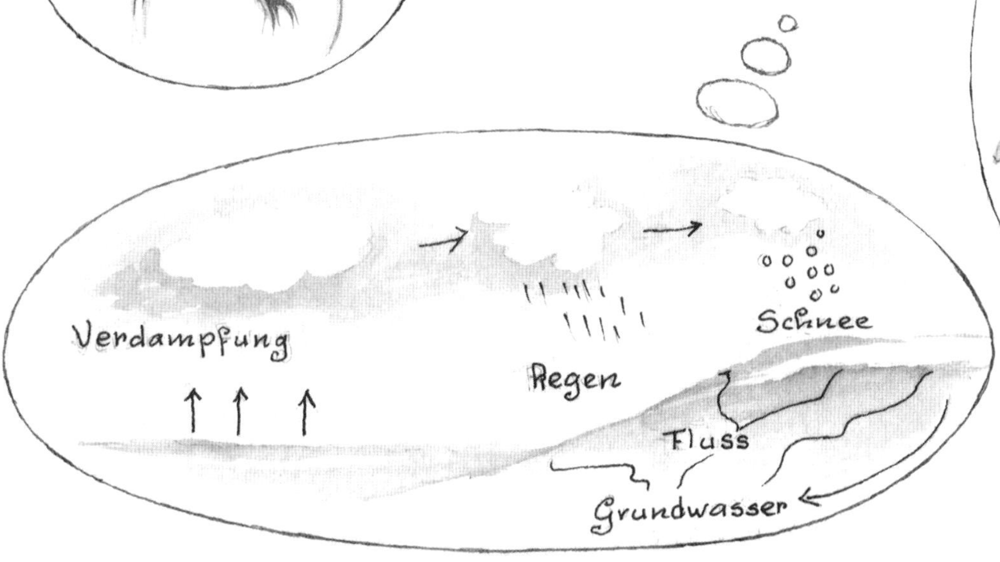

Die Insel

Im Sturm ist ein Schiff untergegangen. Ein Kind hat sich auf die Insel gerettet. Die anderen Schiffbrüchigen sind noch in ihren Rettungsbooten und rudern um die Insel herum, denn die Brandung ist so stark, dass sie kaum landen können.

Das Thema dieses Spiels ist die Konzentration auf einen Punkt, das Halten des Blickkontakts, ohne sich vom Trubel drum herum ablenken zu lassen.
Die Kinder stellen sich im Kreis auf und gehen im Uhrzeigersinn hintereinander her. Sie spielen Schiffbrüchige, die in ihren Rettungsbooten um die Insel herumrudern. Ein Kind stellt sich in die Mitte: Es hat als Einziges schon die rettende Insel erreicht.
Alle Schiffbrüchigen schauen beim Gehen immer auf das Kind in der Mitte. Denn nur dieses kann ein Signal geben, wo es eine Durchfahrt durch die Brandung gibt. Das Kind in der Mitte fängt dazu den Blick eines Kindes auf und dreht sich eine Weile mit ihm im Kreis. Wenn der Blick gut gehalten wurde, nickt es ihm zu und der Schiffbrüchige darf zu ihm kommen und sich daneben auf den Boden setzen zum Ausruhen.
Geht der Blickkontakt verloren, ist erst ein anderes Kind an der Reihe. Wenn genickt wurde und das Kind im Rettungsboot auf der Insel ist, fixiert das erste Inselkind ein anderes der Kinder in den Rettungsbooten usw., bis nach und nach alle Kinder auf die Insel rudern konnten.

Variante für große Gruppen

Die ersten beiden Schiffbrüchigen, die zur Insel gelotst werden, ruhen sich nicht aus, sondern leiten zusätzlich weitere Schiffbrüchige herüber.

Was brauchen die Leute?

Ein Ratespiel zur Kräftigung von Auswahl und Entscheidung.

Welche Gegenstände brauchen die folgenden Personen für ihre Aufgabe? Die Spielleitung fragt die Kinder und sie antworten nach jedem Vorschlag mit *„ja"* oder *„nein"*. Die Lösungen stehen kursiv. Um die Konzentration aufrechtzuerhalten, können auch mal zwei Gegenstände richtig sein. Kennen die Kinder manche Dinge noch nicht, ist das eine gute Gelegenheit ihren Nutzen zu erklären.

Feuerwehrmann: Weihnachtsbaum - Einkaufswagen - *Schlauch* - Apfel
Ärztin: Brücke - Tretboot - Aussichtsturm - *Stethoskop*
Sekretär: Fußball - Sparschwein - *Computer* - Geldmünze
Astronaut: Fisch - *Rakete* - Baum - Lokomotive
Köchin: *Kochlöffel* - Gartenschere - Schlüssel - *Schüssel*
Kaminfeger: *Besen* - Eichhörnchen - Fluss - Spritzpistole
Malerin: Banane - *Pinsel* - Fernsehschüssel - Karussell
Bäuerin: *Traktor* - Bagger - Schlittschuhe - *Pflug*
Rennfahrerin: Gummistiefel - Wörterbuch - *Rennwagen* - Nilpferd
Krankenpfleger: Federballschläger - Federball - *Pflaster* - Staubsauger
Weihnachtsmann: Sonne - *Geschenke* - *Schlitten* - Schneeball
Osterhase: Schlitten - Schneeball - *Eier* - Marienkäfer
Tänzer: Salamander - Berggipfel - Bank - *Musik*
Gärtnerin: Presslufthammer - *Gartenschere* - Wildschwein - *Gießkanne*
Lehrerin: Wasserhahn - *Buch* - *Kreide* - Kerzenständer
Straßenkehrer: *Besen* - Modellflugzeug - Segelboot - Maus
Elektriker: Waage - *Stromkabel* - Rose - Dampfwalze
Putzfrau: Eule - Einmachgläser - Kleiderhaken - *Eimer*
Bergsteigerin: Fahrrad - Putzlappen - Fernseher - *Seil*
Verkäufer: Misthaufen - Lupe - *Kasse* - Brille
Maurer: *Betonmischer* - Brennglas - Leim - *Lot*
Briefträgerin: Flugzeug - Hammer - *Briefe* - Hund
Polizistin: Briefmarke - *Uniform* - Feuerwehrschlauch - Zelt
Sänger: Tanzfläche - Telefon - *Mikrofon* - *Zuhörer*

Variante

Die Spielleitung geht mit den Kindern alle Antwortmöglichkeiten durch, ergänzt aber die „Nein"-Antworten um eine Zusatzfrage, z. B.: *„Was braucht der Feuerwehrmann für seine Aufgaben? Einen Weihnachtsbaum?" - „Nein!" - „Aber was könnte der Feuerwehrmann mit einem Weihnachtsbaum machen?" - „Weihnachten feiern! / Einen brennenden Weihnachtsbaum löschen ..."*
„Braucht der Feuerwehrmann einen Einkaufswagen?" - „Nein!" - „Was könnte er damit anfangen?" - „Einkaufen gehen! ..."

Was passt nicht?

Hier geht es darum, einen Gegenstand zu finden, der nicht zu den anderen passt. Die Kinder lernen so, was zusammengehört. Dazu müssen sie sich konzentrieren, sich mehrere Begriffe merken und eine Auswahl treffen.
Die Spielleitung nennt alle Gegenstände hintereinander und die Kinder sagen, welcher nicht dazugehört. Der unpassende Gegenstand steht kursiv. Manche Gegenstände sind nicht ganz einfach zu finden. Wenn falsch geraten wurde, wiederholt die Spielleitung die einzelnen Gegenstände und überlegt gemeinsam mit den Kindern, warum die einen zusammengehören und ein anderer herausfällt.

- Baum - Blatt - Wurzel - *Schere*
  (Die Schere ist aus Metall.)
- Rose - Gänseblümchen - *Rechen* - Tulpe
  (Der Rechen ist keine Blume.)
- Nase - Ohr - Mund - *Hand*
  (Die Hand gehört nicht zum Kopf.)
- Auto - Fahrrad - *Schubkarren* - Eisenbahn
  (Der Schubkarren ist kein Verkehrsmittel.)
- Mädchen - Frau - Oma - *Junge*
  (Der Junge ist männlich.)
- Mann - Opa - *Mädchen* - Junge
  (Das Mädchen ist weiblich.)
- Wohnblock - Blockhütte - *Kirchturm* - Villa
  (Im Kirchturm wohnen keine Menschen.)
- Maus - Ente - *Kirchturmhahn* - Katze
  (Der Hahn auf dem Kirchturm ist leblos.)
- Krähe - Spatz - *Strauß* - Falke
  (Der Strauß kann nicht fliegen.)
- Hund - *Reh* - Katze - Meerschweinchen
  (Das Reh ist kein Haustier.)
- Tisch - Stuhl - *Geldbeutel* - Schrank
  (Der Geldbeutel ist kein Möbelstück.)
- *Gabel* - Zange - Bohrer - Schraubendreher
  (Eine Gabel ist kein Werkzeug.)
- *Tischdecke* - Kleid - Hose - Strümpfe
  (Eine Tischdecke ist kein Kleidungsstück.)
- Elektriker - Maler - *Wanderer* - Gipser
  (Ein Wanderer ist kein Handwerker.)
- Kirchturmuhr - Armbanduhr - *Sanduhr* - Wecker
  (Die Sanduhr hat kein Uhrwerk und zeigt keine Uhrzeit an.)

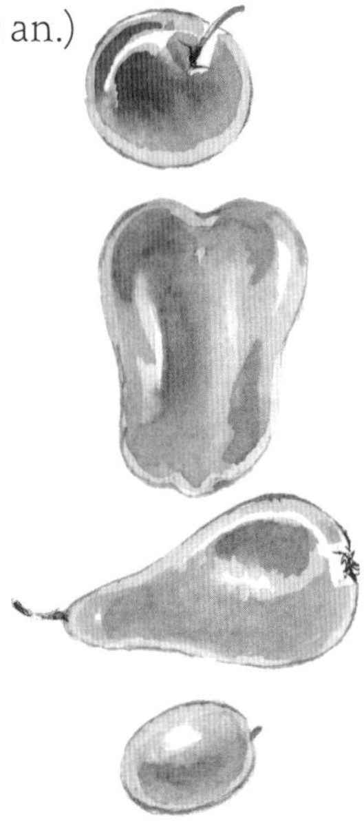

- Rucksack - *Wanderschuhe* - Einkaufstüte - Fahrradkorb
  (Wanderschuhe dienen nicht als Transportbehältnis.)
- See - Fluss - Badewanne - *Meerrettich*
  (Der Meerrettich trägt das Wasser nur in seinem Namen.)
- *Sand* - Salz - Pfeffer - Zucker
  (Sand ist kein Gewürz.)
- Sand - Meer - Möwen - *Zuckertüte*
  (Die Zuckertüte gibt es nicht am Meer.)
- Thunfisch - Delfin - *Backfisch* - Forelle
  (Backfisch ist eine Zubereitungsart, aber keine Tierart.)
- Apfel - *Paprika* - Birne - Zwetschge
  (Paprika ist ein Gemüse, kein Obst.)
- Mehl - Hefe - Korn - *Pflaumenmus*
  (Pflaumenmus ist ein Brotaufstrich, wird aber nicht zur Herstellung von Brot verwendet.)

Manchmal lässt sich darüber streiten, welcher Begriff herausfällt. Dann tun die Kinder das, etwa bei der Reihe „Kirchturmuhr - Armbanduhr - *Sanduhr* - Wecker". Sanduhr ist als der gesuchte Begriff gekennzeichnet, weil die Zeitmessung hier ganz anders funktioniert als bei den anderen Uhren. Wenn ein Kind aber z. B. einwendet, es habe „Wecker" gewählt, weil das Wort als einziges den Wortteil „Uhr" nicht enthält, akzeptiert die Spielleitung das auch.

Variante

Die Kinder überlegen zu jedem unpassenden Gegenstand zwei andere, zu denen er passen würde. Das kann ganz schön kniffflig werden, z. B.: Baum - Blatt - Wurzel - *Schere*. Was passt zu der Schere? Zum Beispiel: „Nadel" und „Faden" oder komplizierter: „Skalpell" und „Tupfer" oder: „Messer" und „Schwert" ...
Fällt den Kindern trotz mehrerer Versuche nichts ein, gehen sie zur nächsten Reihe. Es gibt zwar immer mind. eine Lösung, es kann aber auch mal gut sein, eine Aufgabe offen zu lassen und das ganz gelassen zu nehmen. Zu schnell aufgeben wollen wir aber auch nicht.

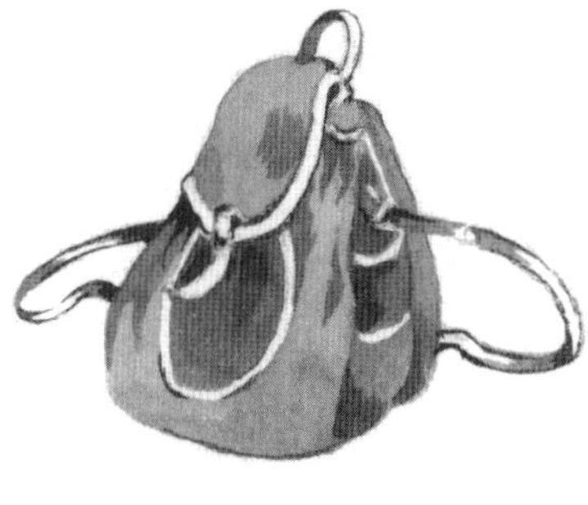

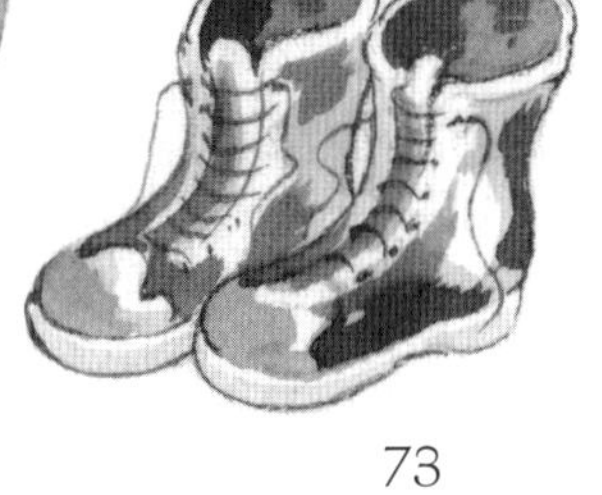

Was wäre wohl aus der Welt geworden, wenn alle zum Mitschaffen Aufgerufenen immer gleich „schnurstracks" auf ihr Ziel losgegangen wären. Alle Weisheit ist langsam, alles Schaffen ist umständlich.
(Christian Morgenstern)

Was gehört dazu?

Die Spielleitung nennt zwei Gegenstände. Welcher würde noch dazu passen? Die Kinder finden die übergreifende Kategorie der beiden genannten Gegenstände heraus und zeigen dies durch die Ergänzung eines dritten Gegenstands.
In Klammern stehen hinter den Beispielen zwei weitere Möglichkeiten - immer gibt es viele weitere, die auch richtig sind. Die Spielleitung diskutiert mit den Kindern, welche Vorschläge angenommen werden können und welche nicht - und warum nicht.
Bei dieser Übung geht es auch darum, dass die Kinder ihre Vorschläge verteidigen. Und dass die anderen zuhören, wenn jemand trotz Ablehnung auf seinem Vorschlag besteht und ihn begründet. Die Spielleitung achtet also darauf, dass die Kinder ihre Vorschläge auch ausführen können, und fragt nach, wie etwas gemeint ist, bevor sie zum nächsten Vorschlag übergeht, denn es ist durchaus möglich, eine Ergänzung zu bringen, die aus einer Reihe etwas anderes macht als das zunächst Offensichtliche: „*Sonne - Mond*" könnte mit „*Sterne*" ergänzt werden, dann heißt die Kategorie „Himmelskörper". Das liegt nahe. Die Kinder können aber auch mit „*Rad*" ergänzen, dann geht es um runde Phänomene, oder mit „*Kerze*", dann geht es um Licht.

- *Hase - Pferd - ...* (Kuh, Schwein ...)
- *Baum - Laternenpfahl - ...* (Torpfosten, Säule ...)
- *Sonne - Mond - ...* (Sterne, Rad ...)
- *Mann - Mädchen - ...* (Junge, Frau ...)
- *Tiger - Panther - ...* (Löwe, Fuchs ...)
- *Rose - Tulpe - ...* (Narzisse, Nelke ...)
- *Handball - Fußball - ...* (Basketball, Tennisball ...)
- *Ahorn - Eiche - ...* (Linde, Buche ...)
- *Regenschirm - Fallschirm - ...* (Gleitschirm, Sonnenschirm ...)
- *Goldfisch - Forelle - ...* (Hecht, Karpfen ...)
- *Brot - Butter - ...* (Marmelade, Käse ...)
- *Messer - Gabel - ...* (Löffel, Schöpflöffel ...)
- *Lagerfeuer - Kerze - ...* (Taschenlampe, Sonne ...)
- *Steinpilz - Champignon - ...* (Pfifferling, Fliegenpilz ...)
- *Dreirad - Auto - ...* (Traktor, Bus ...)
- *Rot - Grün - ...* (Blau, Gelb ...)
- *Rennen - Schwimmen - ...* (Gehen, Fliegen ...)
- *Pflaumen - Orangen - ...* (Bananen, Äpfel ...)
- *Haar - Seil - ...* (Band, Faden ...)
- *Tee - Sprudel - ...* (Kaffee, Saft ...)
- *Wasser - Dunst - ...* (Eis, Nebel ...)
- *Hammerwerfen - 100-Meter-Lauf - ...* (Diskuswerfen, Hochsprung ...)

Vom Großen zum Kleinen

Wir kommen vom Großen zum Kleinen, in mehreren Schritten und mit fließendem Anschluss. Wir schauen sozusagen immer genauer hin.
Die Spielleitung geht mit den Kindern drei Beispiele durch, damit sie verstehen, was gemeint ist:

- *In der Welt liegt ein Land – im Land liegt eine Stadt – in der Stadt liegt ein Haus – im Haus liegt ein Zimmer – im Zimmer liegt ein Ball.*
- *Im Wald steht ein Baum – im Baum ist ein Nest – im Nest liegen fünf Eier – da kommt der Vogel und setzt sich auf sie!*
- *In der Siedlung ist ein Kindergarten – auf dem Kindergartengelände liegt eine Wiese – auf der Wiese steht Jana – Jana pflückt eine Blume – auf der Blume sitzt eine Biene – die Biene bewegt ihre Fühler.*

Hier gibt es keine einzig und allein richtige Lösung. Das erste Beispiel könnte sich auch anders entwickeln und genauso „richtig" sein:

- *In der Welt liegt ein Land – im Land liegt ein Berg – auf dem Berg liegt ein Wald – im Wald liegt eine Lichtung – auf der Lichtung ragt ein Maulwurfshaufen hervor – da kommt der Maulwurf und streckt seinen Kopf heraus.*

Entsprechend können die Kinder mit den gleichen Anfängen immer neue Reihen hervorbringen. Die einen sind kürzer, die anderen länger. Besonders gelungen ist eine Reihe, wenn sie möglichst viele Glieder hat, die jeweils nur ein wenig kleiner werden.
Die Kinder versuchen es selbst mit den folgenden Ausgangspunkten:

- *Im Dorf – ...*
- *Auf dem Spielplatz – ...*
- *Im Haus – ...*
- *Auf dem Berg – ...*
- *Auf der Weide – ...*
- *Im Meer – ...*
- *In der Burg – ...*
- *Am Sandstrand – ...*
- *Auf dem Feld – ...*
- *In der Küche – ...*
- *Im Kinderzimmer – ...*
- *Auf dem Bahnhof – ...*
- *Auf dem Flugplatz – ...*
- *Am Flussufer – ...*
- *Auf der Straße – ...*

Variante

Die Spielleitung kehrt die Richtung um: Die Kinder beginnen z. B. mit einem Tennisball und lassen den Blickwinkel immer größer werden:

- *Der Tennisball liegt auf der Wiese – die Wiese liegt in der Stadt – die Stadt liegt im Land – das Land liegt auf der Erde.*

Was hat zu tun mit ...

Die Kinder beschäftigen sich tiefer als sonst mit *einer* Sache und lernen dabei viele differenzierte Aspekte kennen.
Dazu setzen sich alle in einen Kreis und die Spielleitung beginnt das Spiel z. B. mit der Frage: *„Was hat mit einem Baum zu tun?"* Reihum kommen Antworten mit Begründung, etwa: *„Nadeln, die hängen dran", „der Holzfäller, der fällt ihn", „der Wind, der bringt die Blätter zum Rauschen", „ein Stuhl, der ist aus dem Holz gemacht"* ...
Wenn etwas gar nicht stimmt, bekommt das Kind eine weitere Möglichkeit. Wenn jemand nichts weiß oder lieber zuhören will, sagt er: *„Plopp"* und der Nächste ist dran. Nach einer ganzen Runde *„Plopps"* ist das Spiel zu Ende und das letzte Kind, das etwas gewusst hat, fragt nach dem nächsten Begriff, etwa: *„Was hat zu tun mit einem Stuhl?"*

Variante

Eine Fragerunde mit enger gefasstem Bezug: *„Was gehört zu einem Stuhl?"* Reihum werden etwa die Sitzfläche, die vier Beine, der Mensch, der drauf sitzt, genannt. Weil es hier pro Begriff viel weniger Aspekte zu nennen gibt, ist die Runde sofort zu Ende, wenn der Erste nichts Neues mehr weiß. Sein Nachbar beginnt mit einem neuen Begriff, z. B.: *„Was gehört zur Sonne?"*

Was hat vier Beine?

Die Spielleitung fragt: *„Was hat vier Beine?"* Reihum im Kreis geben die Kinder Antworten, z. B.: *„die Kuh, das Pferd, der Hase, der Stuhl, das Sofa, die Katze ..."* Stimmt etwas nicht (etwa *„der Käfer"*), bekommt das Kind eine weitere Möglichkeit. Wer nichts mehr weiß, sagt *„Plopp"* und der Nächste ist dran. Nach einer Runde *„Plopps"* ist das Spiel zu Ende.
Die Spielleitung oder ein Kind beginnt mit einem neuen Begriff, zu dem es viele Antworten gibt, z. B.:

- *Was ist warm?*
- *Was ist flüssig?*
- *Was gibt Laute von sich (und wie gehen die)?*
- *Was kann sich bewegen?*
- *Was gibt es alles in einem Haus?*
- *Was gibt es alles im See?*
- *Was kann fliegen?*

Noch genauer

Material: verschiedene Bilder (Bilderbücher, Kalenderblätter, Poster ...)

Die Spielleitung spricht mit den Kindern im Kreis über den Unterschied zwischen schnellen und langsamen Aufgabenlösungen: *„Manchmal sollt ihr auf eine Frage zügig antworten, dann solltet ihr auch schnell sein. Oft aber habt ihr Zeit. Dann solltet ihr in Ruhe überlegen, wie eine Frage am besten und genauesten zu beantworten ist."*
In die Kinderrunde werden Bilder gelegt, z. B. schlägt die Spielleitung ein Bilderbuch auf. Was ist darauf zu sehen? Die Kinder beschränken sich z. B. auf eine einzige Figur. Die Spielleitung gibt einen allgemeinen Begriff vor, z. B.: *„ein Mensch"*, und die Kinder überlegen, wie er sich genauer fassen lässt, z. B.: *„Ein Mann."* Frage: *„Noch genauer?" – „Ein alter Mann." – „Noch genauer?" – „Ein alter Mann mit grauen Haaren und vielen Runzeln und Falten, der lächelt."*

Auf dem nächsten Bild ist vielleicht *ein Berg* zu sehen. Frage: *„Noch genauer?" – „Ein Vulkan"* oder *„ein großer Berg" – „ein großer, grün bewachsener Berg" – ein großer, grün bewachsener Berg mit Blumen und einer Almhütte."*
Weitere Bild-Beispiele:

- *Eine Pflanze – ein Baum – eine Birke – eine alte Birke mit Herbstlaub.*
- *Ein Gebäude – ein Wohnhaus – eine Villa – eine moderne Villa – eine moderne, weißgestrichene Villa mit vielen großen Fenstern.*

Auf schnelle Fragen gib langsam Antwort.
(Sprichwort)

Der Blumentopf

Die Oma kommt morgens aus dem Haus, da sieht sie einen Blumentopf mit ihren Lieblings-Geranien auf dem Boden vor dem Fenster liegen. Sie fängt an zu jammern und rauft sich die Haare. Alle möglichen Leute laufen herbei. Was ist bloß passiert?

Die Kinder machen ein Rollenspiel. Dabei betrachten sie ein Ereignis ganz genau und aus verschiedenen Positionen.
Ein Kind spielt die jammernde Oma. Die Spielleitung ruft nach und nach andere Kinder herbei und gibt ihnen Rollen, alle anderen schauen solange zu. Jeder soll ein oder zwei Sätze zum Unglück sagen. Er kann das Geschehene gut oder schlecht finden, kann sein Beileid aussprechen, schadenfroh sein oder Vorschläge machen, z. B.:
Der Großvater: *„Ach, du Arme, die wunderschönen Geranien! Zum Glück sind die anderen Töpfe heil geblieben."*
Die Nachbarin: *„Welch großes Unglück! Da nehme ich meine Töpfe besser ins Haus."*
Der Nachbarsjunge: *„Ich war's nicht, Oma, ehrlich."*
Die Katze: *„Miau, miau!"*
Der Hund: *„Wauwau!"*
Ein Spaziergänger: *„Na, so was, warum hat die Oma nur ihren Blumentopf zerschlagen?"*
Tante Erna: *„Recht geschieht's dir! Warum hast du mir auch neulich den Streuselkuchen vor der Nase weggegessen!"*
Der Dorfpolizist: *„Was ist denn hier passiert? Ach, nur ein Blumentopf."*
Die Feuerwehr: *„Wir wurden gerufen, weil es irgendwo brennen soll. Wo brennt's denn?"*
Der Krankenwagen: *„Tatü, tata - der Blumentopf muss sofort zum Pflanzenarzt. - Tatü, tata."*

Natürlich können die Kommentare auch ganz anders lauten. Wichtig ist nur, dass die Kinder verschiedene Stellungnahmen zu der einen Sache abgeben, dass sie die eine Sache aus verschiedenen Blickwinkeln sehen und nicht etwa die Geschichte immer weiterentwickeln.

Varianten

Weitere Rollenspiel-Ideen:

- Der Hund hat in den Hausflur gepinkelt. Allerlei Hausbewohner und Fremde laufen herbei und geben mehr oder weniger erbetene Kommentare ab.
- Der Sohn des Hauses kommt mit einem Frosch an und will ihn als Haustier halten.
- Vor dem Haus wird eine neue breite Straße gebaut.
- Eine Bäuerin verkauft Obst und Gemüse am Marktstand.
- Auf dem Festplatz spielt der Musikverein.
- Auf dem Jahrmarkt preist ein Losverkäufer seine Lose an.

Der Bote

Die Spielleitung schildert den Kindern die Konfliktsituation für ein Rollenspiel: Ein Kind bekommt mitgeteilt, dass etwas geschehen ist, und soll nun dafür sorgen, dass die Sache wieder in Ordnung kommt. Andere Kinder bekommen weitere Rollen zugeteilt, die dazu nützlich sein können – oder auch nicht.

Zum Beispiel: Ein Kind ist Hausbesitzer, ein anderes Bote, weitere Kinder werden zu Holzfäller, Flugzeugpilot, Ärztin, Frisörin, Verkäufer, Architektin, Rennfahrer, Bäuerin, Putzfrau, Straßenkehrer. Bei einer größeren Gruppe sind einige Kinder Zuschauer.

Der Hausbesitzer ist spazieren. Vielleicht summt er ein Lied. Da kommt der Bote angerannt und ruft: *„Dein Haus brennt! Du musst etwas tun!"* Die anderen Kinder fragen: *„Brauchst du Hilfe?"* Der Hausbesitzer sagt: *„Das kommt darauf an."* Er geht herum und alle Kinder vollführen für ihren Beruf typische Bewegungen, die Frisörin spielt etwa Haareschneiden, der Straßenkehrer fegt.

Der Hausbesitzer fragt bei jedem nach: *„Was kannst du?"* – *„Ich kann die Straße kehren."* – *„Ich kann Verletzte behandeln."* – *„Ich kann Bäume fällen."* Der Hausbesitzer sagt jeweils: *„Du kommst mit"* oder *„Du bleibst da"* und begründet das kurz. Diese Begründung ist das Wichtigste. Sie kann sich auf den Beruf beziehen oder z. B. lauten: *„Du bist groß und stark"*, *„Wir brauchen jetzt jeden"*, *„Du trägst einen Wassereimer"* o. Ä. *„Du bleibst da"* wird nicht begründet. Die jeweiligen Kinder schließen sich entweder dem Hausbesitzer an oder gesellen sich zu den Zuschauern. Hat der Hausbesitzer alle gefragt, geht es zum Haus und die Kinder verrichten ihre Aufgabe. Wenn das Haus gelöscht (oder niedergebrannt) ist, folgt ein neues Spiel.

Ein anderes Kind wird etwa als „Bauherr" bestimmt. Der Bote sagt: *„Die Baugenehmigung ist erteilt."* Der Bauherr sucht sich aus den vielleicht neu verteilten, vielleicht beibehaltenen Berufen Leute aus, das Haus neu aufzubauen bzw. zu renovieren.

Weitere Themen zur Auswahl:

- **Ein Unfall:** Ein Kind ist Polizist. Der Bote kommt und berichtet: *„Es hat einen Verkehrsunfall gegeben."* Der Polizist sucht Kinder mit Berufen zusammen, die nützlich sein können, aber nicht stören.
- **Heuernte:** Ein Kind ist Bauer. Der Bote kommt und berichtet: *„Ein Gewitter zieht auf. Das Heu muss eingebracht werden."* Der Bauer sucht Kinder aus, die helfen können.
- **Wäsche:** Ein Kind ist Wäscherin. Der Bote kommt und sagt: *„Ein Gewitter zieht auf, gleich regnet es, aber die Wäsche hängt noch draußen auf der Leine."*
- **Überschwemmung:** Ein Kind ist Bürgermeisterin. Der Bote kommt und sagt: *„Der Fluss ist angeschwollen, gleich bricht der Damm."*
- **Fest:** Ein Kind ist Festveranstalter. Der Bote kommt und sagt: *„Auf dem Fest ist wenig los. Wir brauchen noch Leute, die etwas zu bieten haben."*

Seilgänger

Material: mehrere Seile; evtl. Bälle, Kissen, Reifen

Für jeweils fünf Kinder wird ein Seil auf dem Boden ausgelegt, über das die Kinder nacheinander balancieren. Wer daneben tritt, geht zum Anfang des Seils zurück und beginnt von vorn.

In einer zweiten Runde haben die anderen Kinder die Aufgabe, das balancierende Kind beim Gehen zu stören – ohne allerdings das Kind oder das Seil zu berühren. Die Spielleitung achtet darauf, dass das eingehalten wird. Sagt sie: *„Das gilt nicht!"*, müssen die Kinder ihre Störaktion abbrechen und es anders versuchen. Sie können etwa vor dem Seilgänger herumtanzen oder ihm Witze erzählen, knapp vor seinen Augen in die Hände klatschen oder es mit Tricks wie *„Eine Maus!"* probieren.

Die dritte Stufe sind Aufgaben, die der Seilgänger während seines Balanceakts – ohne Störungen – erfüllen muss. Je nach Alter der Kinder können das ganz einfache oder schwierigere Aufgaben sein, z. B.: In einer Hand oder in beiden Händen einen Ball halten, ein Kissen auf dem Kopf balancieren, mit den Armen Reifen schwingen, während des Gehens eine Geschichte erzählen (z. B. vom letzten Urlaub) oder Rechenaufgaben lösen.

Am Ende kommen alle im Kreis zusammen. Die Spielleitung thematisiert, wie wichtig Konzentration ist. Sie fragt die Kinder: *„Wann brauchen wir Konzentration? Wann müssen wir ganz und gar auf eine einzige Sache achten? Ist euch schon mal aufgefallen, dass das schwerer geht, wenn Ablenkungen da sind? Was könnt ihr tun, wenn die Ablenkungen stören? Wie haben die Seilgänger auf die Störungen reagiert und wie haben sie sich zu schützen versucht? Wie ging das bei den Aufgaben?"*

Schnecken-Eierpost

Material: 1 hartgekochtes Ei pro Kind, 2–3 Esslöffel, 2–3 Schalen (Nester), Kreide oder Seile

Die Kinder befördern Eier aus der Eierfabrik in die Nester des Osterhasen (oder der Hennen). Dazu bilden sie zwei bis drei gleich große Kindergruppen. Ist ein Kind übrig, wird es zum Schiedsrichter ernannt. Jede Gruppe bekommt dieselbe Anzahl hart gekochter Eier (1 pro Kind), einen Esslöffel sowie ein Nest oder eine Schale.
Mit Kreide oder Seilen markiert die Spielleitung eine Start- und eine Ziellinie auf dem Boden und platziert die Nester auf der Ziellinie. Jede Gruppe soll nun ihre Eier auf dem Löffel ohne festzuhalten nacheinander von der Startlinie aus ins Nest bringen. Wenn ein Kind sein Ei abgelegt hat, geht es zurück und gibt den Löffel dem nächsten Kind aus seiner Gruppe. Fällt ein Ei herunter, wird es aufgehoben und weiter auf dem Löffel bis ins Nest transportiert.
Am Schluss zählen die Kinder mithilfe des Schiedsrichters bzw. der Spielleitung in jedem Nest die heil gebliebenen Eier. Die Gruppe, in deren Nest die meisten heilen Eier liegen, hat gewonnen.
Wichtig ist, dass die Spielleitung vorher mit den Kindern klar verabredet: *Die Zeit spielt keine Rolle!* Es zählt ausschließlich die Anzahl der heilen Eier, nicht etwa, welche Gruppe zuerst fertig ist.
Anschließend sprechen die Kinder gemeinsam über das Spiel: Ganz langsam zu sein war vermutlich nicht so günstig, weil das Gehen dann unsicherer ist. Ganz schnell zu sein, war aber bestimmt auch nicht gut. Wie schnell haben sich die Kinder von der Schale zur Gruppe bewegt, um den Löffel zurückzubringen? Die Zeit war gleichgültig – sind sie also einfach normal gegangen oder trotzdem gerannt? Wenn ja, warum? Was ist wirklich wichtig, um möglichst viele Eier heil ins Nest zu bringen?

Struktur und Alltag

Wenn Hengst und Stute traben,
wie soll das Fohlen langsam gehen!
(Sprichwort)

In den bisherigen Kapiteln haben wir Beiträge zur spielerischen Auseinandersetzung mit Langsamkeit und Konzentration kennengelernt. Wie aber steht es mit unseren alltäglichen Abläufen, mit der Struktur unseres Alltags? Lässt diese Struktur Langsamkeit überhaupt zu? Oder eine gründliche Beschäftigung mit *einer* Sache? Alle Spiele und Lieder nützen wenig, wenn der Rahmen unseres Tagesablaufs uns anschließend gleich wieder in die Hetze und Verwirrung drängt. Wenn wir Langsamkeit und Tiefe verankern wollen, müssen wir uns auch damit beschäftigen, müssen wir den Kindern und auch uns selbst einen Rahmen anbieten, der Raum dafür gibt.

Überhaupt einen Rahmen, eine Struktur zu haben, die den Tagesablauf vorhersagbar macht, ist sehr wichtig. Denn Kinder brauchen ein ausgewogenes Verhältnis zwischen Gewohntem und Neuem. Gewohntes kann Langeweile bedeuten, Neues bringt Unsicherheit. Von einem sicheren, gut bekannten Rückhalt aus erkunden Kinder ihre Umgebung am liebsten, lernen sie am besten, fühlen sie sich am wohlsten. Den sicheren Rückhalt bieten Kindern bekannte Menschen, bekannte, eher langsame Verhaltensweisen und eben ein Rahmen, in dem sich alle Abläufe vollziehen. Äußere Strukturen helfen den Kindern auch beim Aufbau innerer Strukturen, die für das Einordnen von Erfahrungen, für das Lernen also, unverzichtbar sind, und ermutigen sie zu eigenständigem, explorativem Verhalten. Wir sollten immer wieder unsere eigenen Abläufe prüfen, ob sie dem entsprechen, und sie ggf. verändern. Starr eingehalten werden muss ein Rahmen keineswegs, das ist sogar eher abträglich. Gerade kleine Veränderungen sind interessant. Der Rahmen garantiert eine Orientierung; Abweichungen stören diese nicht, sondern bestärken sie. Wenn ein Rahmen immer gleich bleiben muss, bringt das Kinder in eine Unselbstständigkeit. Wenn ein Rahmen vorhanden, aber flexibel ist, lernen sie, sich in neuen Situationen gut anzupassen bzw. sie selbst zu gestalten. Wer gelernt hat, dass Dinge auch einmal anders laufen können, wird Veränderungen aufgeschlossener und angstfreier gegenüberstehen.

Struktur ist also wichtig, ebenso wie die Offenheit für Veränderungen. Wie aber lassen sich Strukturen in Kindergarten, Schule und Zuhause besser einsetzen?
Die **zeitlichen Abläufe** müssen zunächst einmal übersichtlich gegliedert sein und den Kindern verdeutlicht werden, etwa durch Tafeln oder Bildkarten. Die Übergänge zwischen verschiedenen Teilen im

Ablauf können betont werden, etwa durch kleine Rituale zum Anfang und Abschluss einer Einheit oder durch **Signale:** Klangschale, Gong oder Triangel kündigen an, dass jetzt gleich etwas geschehen wird. Zu viele verschiedene Signale allerdings verwirren, zu starke Gliederung wird wieder unübersichtlich. Deshalb sollte eher Einfachheit angestrebt werden als Komplexität. Zwei oder drei verschiedene Signale sind genug!

Auch die **Räumlichkeiten** einer Einrichtung gehören zur Struktur, nicht nur der zeitliche Ablauf. So können verschiedene Räume mit bestimmten Farben, Symbolen oder Namen bezeichnet werden: „das blaue Zimmer", „der Bären-Raum" oder „das Ruhe-Zimmer". Das erleichtert die Orientierung und stimmt auf Abläufe ein.

Nach den Signalen sind **Rituale** das wichtigste Hilfsmittel zur Strukturierung. Sie sind etwas Bekanntes, das die Zeit gliedert und Kinder sicher macht, ihnen Geborgenheit und einen Rückhalt gibt und so die Grundlage bietet, sich auch Neuem, noch Unbekanntem, Ungewohntem zuzuwenden. Gerade weil unsere Welt immer noch ein wenig unstrukturierter und chaotischer werden will, weil gemeinsame Zeiten immer schwerer einzurichten sind, werden Rituale wichtiger und der Halt, den sie geben, die Orientierung, die sie versprechen. An Ritualen sind fast immer mehrere Personen beteiligt, sodass sie damit auch das Gemeinschaftsgefühl stärken.

Am besten entwickeln sich Rituale einfach aus der gemeinsamen Geschichte. Aber natürlich gibt es auch weitverbreitete, allgemein bekannte Rituale: zu Hause vor dem Aufstehen vielleicht noch etwas Kuscheln, ein Fingerspiel, ein kleines Lied. Die Begrüßung im Kindergarten oder in der Schule, vielleicht mit einem Lied und einer Runde mit der Frage, wie sich die Kinder fühlen, mit Ankündigungen von Besonderheiten des heutigen Tages, mit der Einführung in den Ablauf des Tages. Gemeinsames Essen mit einem Spruch, der zusammen aufgesagt wird. Auch kleine Aufgaben wie Tischdecken können zum Essensritual gehören. Sie sollten klar abgegrenzt sein, etwa: Das eine Kind deckt die Teller, das andere die Tassen ... Zum Ritual gehört aber vielleicht auch, sich immer selbst den eigenen Becher zu holen und sich auf den gewohnten Platz zu setzen.

Auch eine gemeinsame Verabschiedung kann gut sein, ist aber wenigstens im Kindergarten nicht immer möglich. Die Zubettgehzeit ist meist stark ritualisiert durch Zähneputzen, Spielen oder einer Gutenacht-Geschichte. Auch ein Erzählen von Eltern und Kindern, wie denn ihr Tag war, kann zum Ritual gehören. So strukturieren kleine Rituale den Tag. Auch im Jahreslauf können wir sie finden, besonders im Zusammenhang mit den großen Festen wie Weihnachten, etwa das Kerzenanzünden in der Adventszeit. Der Umgang mit Geburtstagen kann in Schule und Kindergarten gleichfalls mit Ritualen verbunden sein. Vielleicht etwas Besonderes im Morgenkreis. Und das Geburtstagskind darf im Tagesverlauf eine bestimmte Funktion ausüben, etwa bei der Zusammenstellung der Gruppen.

Auch bei **offener Arbeit** im Kindergarten ist Struktur wichtig: Hier muss vermittelt werden, was für Angebote es gibt und wo und wann sie zu erreichen sind. Da können beispielsweise farbige Marken oder

Kärtchen ausgegeben werden: Die Kinder mit den blauen Kärtchen gehen gleich in den blauen Raum. Wenn der Gong tönt, kommen sie zurück in den Kreis und holen sich neue Kärtchen für ein neues Angebot. Es kann eine Tafel geben, an dem das Kind etwas zu dem Angebot, das es besuchen will, hängt, das für es selbst steht, etwa ein Schlüsselanhänger mit einem Stofftier.

Gut für den Aufbau von Struktur sind mehrteilige Angebote, etwa Thementage oder Projekttage. Es ist sinnvoll, im Kreis über den Zusammenhang zwischen den einzelnen Angeboten zu sprechen und sie nicht nur aufeinanderfolgen zu lassen.

Signale und Rituale sind Mittel zur Strukturierung gemeinsamer Aktivitäten. Unsere Möglichkeiten sind aber noch größer. Um zu sehen, was jedes Kind für sich selbst tun kann und wie wir den Kindern dabei helfen können, setzen wir uns noch einmal inhaltlich mit Schnelligkeit und Langsamkeit auseinander.

Warum sind wir zu schnell? Weil wir dem, was Zeit braucht, zu wenig Zeit geben. Weil der Abstand zwischen unserer Reaktion und dem, worauf wir reagieren wollen, zu gering ist. Weil unsere Reaktionen damit auch zu automatisch werden, zu wenig kreativ, zu „platt".

Bei Versuchen zur **Kreativität** zeigte sich, dass kreative Menschen sich bei ihren Antworten auf ein Problem zunächst gar nicht von unkreativen unterscheiden. Auf die Aufgabe zu sagen, was alles mit einem Rad angefangen werden kann, wären die ersten Antworten von Hoch- und Wenig-Kreativen erst einmal ganz ähnlich. Aber bei den Wenig-Kreativen ist nach den offensichtlichen Antworten Schluss, während die Hoch-Kreativen immer noch mehr nennen würden und immer Ungewöhnlicheres.

Der Wenig-Kreative hat abgeschlossen, wenn das, was sozusagen auf der Zunge liegt, gesagt wurde. Er wird dann gar ungeduldig, möchte die nächste Aufgabe lösen. Der Hoch-Kreative fühlt sich in diesem leeren Raum deutlich wohler, er verweilt in ihm, und siehe da: Weitere Antworten kommen. Diesen leeren Raum wollen wir vergrößern. Und wir wollen durch die Gewohnheit dazu gelangen, uns in ihm wohlzufühlen. Und zu vertrauen, dass Antworten schon kommen, wenn wir - stressfrei - einen Raum für sie lassen.

Ein Schritt dazu ist, die Antworten, die wir schon haben, zu verzögern. Das wird zunächst eine Übung sein und wirkt deshalb vielleicht etwas künstlich, der Sinn leuchtet Kindern nicht unbedingt gleich ein. Aber wenn wir das immer mal im Spiel wiederholen, werden wir es verinnerlichen. Dann steht die Verzögerung als eine Möglichkeit zur Verfügung, wenn wir sie brauchen – nicht als Zurückhalten einer Antwort, sondern als Sammeln mehrerer Möglichkeiten zu antworten und anschließend die beste davon zu wählen.

Kreative Lösungen sind gefragter als unkreative, weil sie seltener sind. Gold ist nicht wertvoller als Eisen, weil es härter, sondern weil es seltener ist. Um Gold zu gewinnen statt Eisen, müssen wir keine anderen Menschen werden, wir benötigen auch keine anderen Erbanlagen – wir benötigen mehr Zeit. Spontan reagieren ist gut, und manchmal müssen wir schnell sein. Aber das andere, das Langsame, Stille, Reflexive brauchen und wollen wir auch. Beides sollte uns zur Verfügung stehen.

Alles hat seinen Platz. Das Schnelle nimmt sich den seinen, das Langsame, Besonnene möchte den seinen bereitgestellt bekommen. Hier müssen wir etwas tun, denn: „Eile ist gut, sagte das Chamäleon, aber Weile auch." Oder wie die Redewendung möchte: „Erstmal tief durchatmen!"

Nach diesen Anregungen für eine Strukturierung des Alltags zum Abschluss zwei Spiele zum Verzögern von Antworten und danach Möglichkeiten, wie wir Rituale zur Strukturierung und Verzögerung verwenden können. Und als Abschluss folgt eine Geschichte zum Thema Verzögerung.

Antwort verzögern

Die Spielleitung führt zu verschiedenen Spiel- und Fragerunden im Kreis ab und zu eine besondere Regel ein: *„Erstmal tief durchatmen!"* Geantwortet wird erst, wenn vorher einmal ein- und ausgeatmet wurde. Das geht nur, wenn die Antworten nach einer bestimmten Reihenfolge kommen, etwa im Kreis, nicht wenn Schnelligkeit gefragt ist, um als Erster dranzukommen. Der Atem kann dabei zunächst sehr betont werden, sollte später aber gar nicht mehr auffallen. Wer etwas weiß, antwortet nicht gleich, das erhöht die Spannung. Dass es zunächst auch die Ungeduld erhöht, lernen die Kinder dabei auszuhalten. Zwei Beispiele:

- Koffer packen: Ich packe meinen Koffer und nehme mit ... Wer an der Reihe ist, soll nicht gleich antworten, sondern ein- und ausatmen – erst dann kommt die Antwort.
- Was hat mit Bäumen zu tun? (s. S. 76): Auch hier antworten die Kinder im Kreis und atmen vor der Antwort einmal ein- und aus. Wer keine Antwort weiß, atmet nur ein und aus und sagt dann: *„weiter"*.

Mit der Zeit führt die Spielleitung weitere Aspekte ein: Beim Ein- und Ausatmen vor der Antwort gilt es, sich aufzurichten (ein gerade Rücken ist gut für die Konzentration) und in sich hinein auf die eigene Kraft zu spüren (gleichfalls als Konzentrationsstärkung).

Variante

Zu verschiedenen Spiel- und Fragerunden im Kreis gilt die Regel: *„Der zweite Gedanke!"* Die Kinder sagen nicht das, was ihnen als Erstes einfällt, sondern nur ihren zweiten Gedanken. Beim „Koffer packen" z. B. statt *„Socken"* den zweiten Gedanken: *„Wasserball"*. Wem nur eine Sache einfällt, nennt diese nicht, sondern sagt: *„weiter"*.

Hinweis: Ein Nachteil des Spiels: Schummeln ist leicht. Deshalb sollte es nur in stressfreier Atmosphäre stattfinden, wenn die Kinder wissen, es kommt nicht darauf an, ob eine Antwort gewusst wird oder nicht. Kontrollen sind möglich (die erste Antwort wird aufgeschrieben oder dem vorherigen Kind ins Ohr geflüstert), aber eher umständlich.

Wenn du es eilig hast, geh langsam.
Wenn du es noch eiliger hast,
mach einen Umweg.
(Japanisches Sprichwort)

Sprechstein

Die Spielleitung führt in der Runde die Regel ein, dass nur der spricht, der einen „Sprechstein" in den Händen hält. Das kann ein besonderer Stein, ein Handschmeichler aus Holz, ein kleines Stofftier o. Ä. sein. Wer etwas sagen möchte, macht das z. B. durch ein Handzeichen deutlich und erhält den Sprechstein. Ist er fertig, wird der Stein im Kreis herum zum nächsten Kind gereicht, das etwas sagen will.
Durch den Gegenstand wird deutlich, wer gerade das Wort hat. Spricht ein anderes Kind dazwischen, erinnert die Spielleitung

mit der Frage: *„Wer hat gerade den Sprechstein?"*

Der Wechsel des Sprechsteins zum nächsten Redner kostet ein bisschen mehr Zeit als sonst – und bewirkt so eine willkommene Verlangsamung.

Hinweis: Der Sprechstein ist nicht immer sinnvoll, wenn Kinder zusammen sind. Vor einem bloßen *„Ja"* oder *„Nein"* stört er nur. Günstig ist er dann, wenn einige Sätze im Zusammenhang zu erwarten sind oder gewünscht werden. Genau das provoziert er auch: Wenn ein Kind den Stein schon mal hat, wird es länger antworten, als es das ohne einen solchen Wortgeber täte.

Gong-Signal

Die Spielleitung setzt zu Beginn einer neuen Aktivität im Tagesablauf einen Gong oder eine Klangschale ein: Etwa vor einer Gesprächsrunde dient die Klangschale als Signal dafür, dass es nun ruhig werden soll, um mit der Runde beginnen zu können.

Die Klangschale kann dazu wie ein Stillemoment eingeführt werden (s. S. 15 „Verklingender Ton"). Die Spielleitung sagt z. B.: *„Kommt in den Kreis, wir machen ein Spiel. Setzt euch und schließt die Augen. Ich schlage die Klangschale an und wir lauschen, wie lange wir den Ton hören. Wer ihn nicht mehr hört, öffnet die Augen wieder, bleibt aber ganz still."*

Die ersten Male reden die Kinder noch über den Ton, dann wird die Klangschale nur noch als Stille-Signal eingesetzt.

Kein Weg ist zu lang für den, der langsam und ohne Eile vorwärts schreitet, und kein lockendes Ziel liegt zu fern für den, der sich mit Geduld rüstet.

(Jean de La Bruyère, Philosoph, 1645–1696)

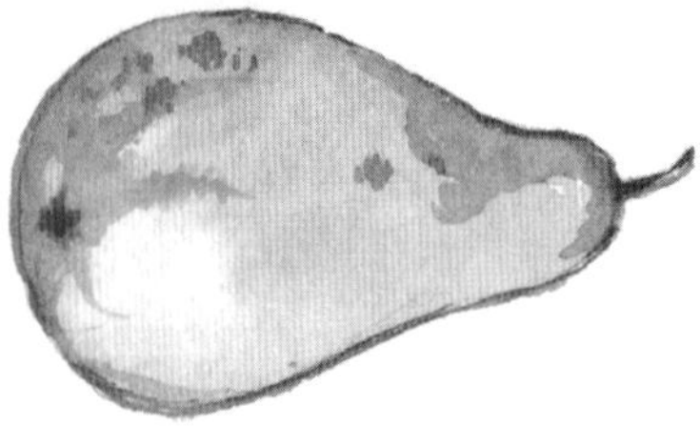

Äpfel und Birnen

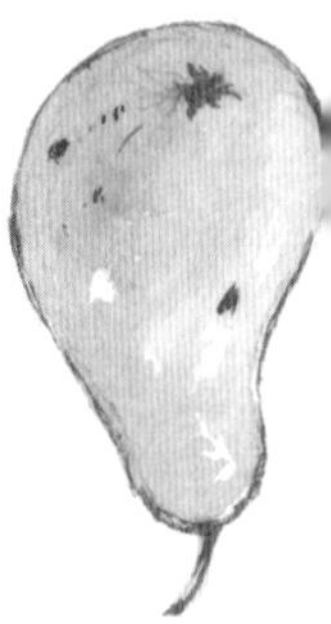
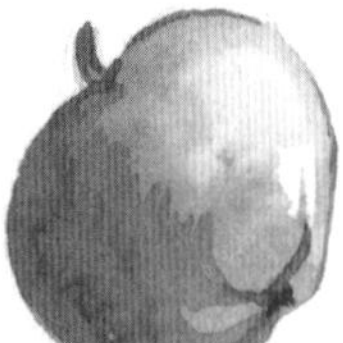

Martin ist zu Besuch in dem Haus mit den vielen Fenstern. Dort wohnt Herr Schmitt, sein Lieblingsonkel. Gerade spielen sie Mühle. „Wieder verloren!", ärgert sich Martin. „Du bist zu schnell", sagt Onkel Schmitt. „Schnell sein ist doch gut", sagt Martin. „Ich hab auch den Wettlauf gewonnen. Sogar einen Preis hab ich dafür gekriegt." – „Schnell sein ist manchmal gut", sagt Onkel Schmitt, „und manchmal schlecht", fügt er dann hinzu. „Beim Mühlespielen genau wie beim Reden." – „Das sagt Tante Imma auch immer", meint Martin. „Aber wenn du etwas sagst, dann will ich doch auch antworten." – „Das ist schön", sagt Onkel Schmitt. „Aber hast du schon mal zugeschaut, wie verschieden Leute sind?" – „Nein", sagt Martin. „Dann komm", sagt Onkel Schmitt, „wir schauen es uns an."

Sie brechen auf und gehen zusammen in die Stadt. Auf dem Markt steht eine Frau am Obststand. „Was darf es denn sein?" fragt der Verkäufer. „Ein Kilo Äpfel", sagt die Frau. Der Verkäufer zeigt auf eine Kiste und sagt: „Darf es von denen sein?" Die Frau sagt: „Ja", der Verkäufer wiegt ein Kilo von den Äpfeln ab, gibt es ihr und sie bezahlt. „Die hat sofort geantwortet und auch ganz schnell die Äpfel bekommen", flüstert Martin Onkel Schmitt zu. „War das gut?" – „Vielleicht", sagt Onkel Schmitt. Da kommt die Frau an den Stand zurück. Der Verkäufer fragt: „Darf es noch etwas sein?" – „Tut mir Leid", sagt die Frau, „aber mir ist eingefallen, dass meine Enkel Birnen viel lieber mögen. Geben Sie mir statt der Äpfel doch besser Birnen." Der Verkäufer nimmt die Tüte mit den Äpfeln zurück und wiegt ihr Birnen ab. „Siehst du", sagt Onkel Schmitt, „sie hat überlegt und dann doch lieber Birnen genommen." – „Sie ist sogar extra dafür zurückgekommen", sagt Martin. „Da hätte sie doch besser gleich länger überlegt."

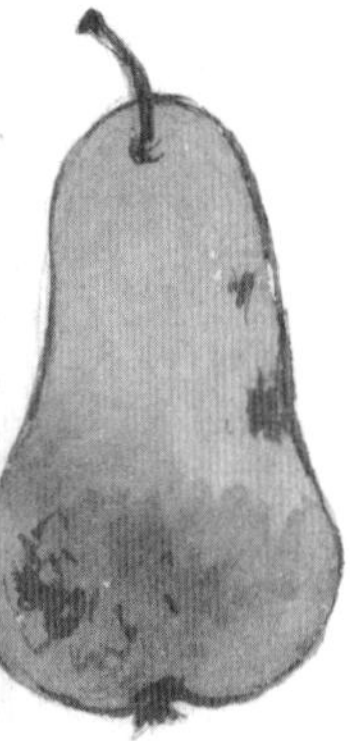

Sie gehen weiter. Vor einem anderen Stand sind zwei Männer in Streit geraten. Sie beschimpfen sich. „Merkst du, wie schnell sie reden?", fragt Onkel Schmitt. „Keiner holt Luft", sagt Martin, „deshalb haben sie ja auch so rote Köpfe." Er kichert. „Was glaubst du", Onkel Schmitt sieht Martin an, „wenn jeder vor seiner Antwort tief Luft holen würde, würden sie sich dann auch so streiten?" – „Vielleicht", sagt Martin. „Ich glaube nicht", meint er dann, als er es sich richtig vorgestellt und selbst tief Luft geholt hat. „Wer aufgeregt ist, spricht schnell", sagt Onkel Schmitt, „und oft spricht er dann das Falsche."

Es ist spät geworden und sie gehen in das Haus mit den vielen Fenstern zurück. Auf den Küchentisch legt Onkel Schmitt eine Tüte. Äpfel kullern heraus. Denn Martin mag Birnen gar nicht. Er isst Äpfel viel lieber.

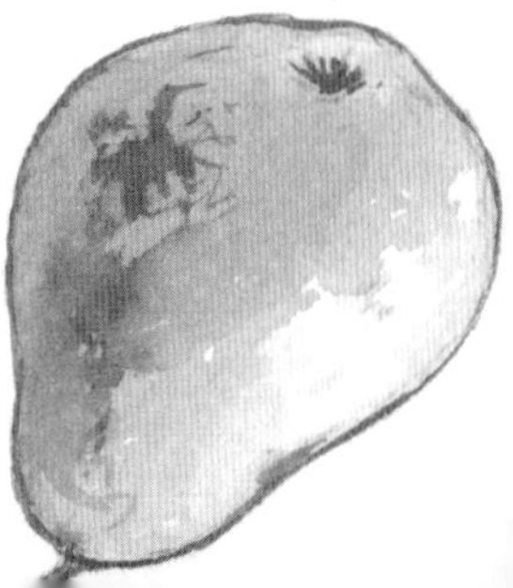

Anhang

Register

Spiele

Lieder & Geschichten

Literatur

Borscheid, Peter: Das Tempo-Virus. Eine Kulturgeschichte der Beschleunigung. Campus, Frankfurt am Main, 2004.

Ende, Michael: Momo. Thienemann, Stuttgart, 1973. (Auch verfilmt auf DVD: Regie Johannes Schaaf, 1986.)

Friebel, Volker & Marianne Kunz: Warum Werte wichtig sind. Geschichten und Gesprächsimpulse für den Alltag mit Kindern. Herder, Freiburg im Breisgau, 2007.

Dies.: Meditative Tänze mit Kindern. In ruhigen und bewegten Kreistänzen durch den Wandel der Jahreszeiten. Buch mit CD. Ökotopia, Münster, 2000.

Dies.: Rhythmus, Klang und Reim. Lebendige Sprachförderung mit Liedern, Reimen und Spielen in Kindergarten, Grundschule und Elternhaus. Ökotopia, Münster, 2005.

Friebel, Volker: Weiße Wolken, stille Reise. Ruhe und Entspannung für Kinder ab 4 Jahren. Buch mit CD. Ökotopia, Münster, 1996.

Geißler, Karlheinz A.: Vom Tempo der Welt. Am Ende der Uhrzeit. Herder, Freiburg im Breisgau, 1999.

Jenzen, Igor A. (Hrsg.): Uhrzeiten. Die Geschichte der Uhr und ihres Gebrauches. Jonas Verlag, Marburg, 1989.

Kunz, Marianne: Warum der Löwenzahn weiße Haare bekommt. Anregungen und Rituale zu Abschied und Übergang. Herder, Freiburg im Breisgau, 2008.

Rosa, Hartmut: Beschleunigung. Die Veränderung der Zeitstrukturen in der Moderne. Suhrkamp Taschenbuch, Frankfurt am Main, 2005.

Spitzer, Manfred: Vorsicht Bildschirm! Elektronische Medien, Gehirnentwicklung, Gesundheit und Gesellschaft. Ernst Klett, Stuttgart, 2005.

Spreckels-Hülle, Anneliese: Strukturen. In: Kindergarten heute, Ausgabe 11-12/2005.

Der Autor & die Illustratorin

Dr. Volker Friebel (* 1956) ist Psychologe und lebt in Tübingen. Er ist in der pädagogischen Fortbildung als Referent tätig und hat lange Jahre mit Kindergruppen gearbeitet. Zahlreiche Veröffentlichungen zur Pädagogik und Psychologie mit den Spezialgebieten Entspannung, Psychosomatik, Sprache und Musik haben weite Verbreitung gefunden.
Weitere Materialien zum Thema:
www.volker-friebel.de
Kontakt: **post@volker-friebel.de**

Besten Dank an Regine Schaal, Gönningen, für einige Ideen und Hinweise.

Annie Meussen, geb. 1949, lebt und arbeitet in den Niederlanden. Bereits als junges Mädchen erhielt sie ihren ersten professionellen Unterricht von ihrem Vater. Seither hat sie sich vor allem in der Detailzeichnung weiterentwickelt. Nach der Schulzeit arbeitete Annie Meussen als Erzieherin mit kranken Kindern in einem der wenigen Krankenhäuser, an die auch eine Schule angegliedert war.
Seit 1990 ist sie selbstständige Illustratorin von Kinderbüchern, Postkarten und Kalendern.
Für den Ökotopia Verlag illustrierte Annie Meussen bereits:

- „Santa, Sinter, Joulupukki“ (2002)
- „Käfer, Katze und Kaninchen“ (2003)
- „Streicheln, Spüren, Selbstvertrauen“ (2003)
- „Englische Bewegungshits“ (2004)
- „Feste feiern und gestalten rund um die Jahresuhr“ (2005)
- „Ganzheitliche Entspannungstechniken für Kinder“ (2006)

Spiele, Spiele in Gruppen, Lernspiele
Bewegungsspiele, Brettspiele, Kooperative Spiele

Der Fachverlag für gruppen- und spielpädagogische Materialien

Ökotopia Verlag und Versand

Fordern Sie unser kostenloses Programm an:

Ökotopia Verlag
Hafenweg 26a · D-48155 Münster
Tel.: (02 51) 48 19 80 · Fax: 4 81 98 29
E-Mail: info@oekotopia-verlag.de

Besuchen Sie unsere Homepage! Genießen Sie dort unsere Hörproben!

http://www.oekotopia-verlag.de und www.weltmusik-fuer-kinder.de

Gertraud Mayrhofer
Kinder tanzen aus der Reihe
Von Herbstdüften, Frühlingsklängen und Sommerträumen – ein Jahr voller Begegnungen, Berührungen, Bewegung und Tanz

ISBN (Buch inkl. CD): 978-3-936286-45-8

Barbara Huber, Heidi Nicolai
Toben, Raufen, Kräfte messen
Ideen, Konzepte und viele Spiele zum Umgang mit Aggressionen

ISBN: 978-3-931902-41-4

Johanna Friedl
Das Ballspiele-Buch
Rollen, werfen, fangen, zielen - Ballspiele mit Kindern für alle Gelegenheiten

ISBN: 978-3-936286-63-2

Wolfgang Hering
AQUAKA DELLA OMA
88 alte und neue Klatsch- und Klanggeschichten mit Musik und vielen Spielideen

ISBN (Buch): 978-3-931902-30-8
ISBN (CD): 978-3-931902-31-5

Volker Friebel, Marianne Kunz
Rhythmus, Klang und Reim
Lebendige Sprachförderung mit Liedern, Reimen und Spielen in Kindergarten, Grundschule und Elternhaus

ISBN (Buch): 978-3-936286-61-8
ISBN (CD): 978-3-936286-62-5

Sabine Hirler
Kinder brauchen Musik, Spiel und Tanz
Bewegt-musikalische Spiele, Lieder und Spielgeschichten für kleine und große Kinder

ISBN (Buch): 978-3-931902-28-5
ISBN (CD): 978-3-931902-29-2

Andrea Erkert
Das Stuhlkreisspiele-Buch
Bewegte und ruhige Spielideen zu jeder Zeit und zwischendurch

ISBN: 978-3-936286-26-7

Birgit Kasprik
Wi-Wa-Wunderkiste
Mit dem Rollreifen auf den Krabbelberg - Spiel- und Bewegungsanimation für Kinder ab einem Jahr

ISBN: 978-3-925169-85-4

Wolfgang Hering
Kunterbunte Bewegungshits
88 Lieder, Verse, Geschichten, leichte Hip-Hop-Stücke und viele Spielideen zum Mitmachen für Kids im Vor- und Grundschulalter

ISBN (Buch): 978-3-931902-90-2
ISBN (CD): 978-3-931902-91-9
ISBN (Playback-CD): 978-3-931902-95-7

Constanze Grüger
Bewegungsspiele für eine gesunde Entwicklung
Psychomotorische Aktivitäten für Drinnen und Draußen zur Förderung kindlicher Fähigkeiten

ISBN: 978-3-936286-00-7

Bettina Ried
Eltern-Turnen mit den Kleinsten
Anleitungen und Anregungen zur Bewegungsförderung von Kindern von 1-4 Jahren

ISBN: 978-3-925169-89-2

Monika Schneider
Gymnastik-Spaß für Rücken und Füße
Gymnastikgeschichten und Spiele mit Musik für Kinder ab 5 Jahren

ISBN (Buch inkl. CD): 978-3-931902-03-2
ISBN (Buch inkl. MC): 978-3-931902-04-9

Umwelt spielend begreifen aus dem Ökotopia Verlag

Hafenweg 26a · D-48155 Münster

A. u. B. Neumann

Wasserfühlungen

Das ganze Jahr Naturerlebnisse an Bach und Tümpel – Naturführungen, Aktivitäten und Geschichtenbuch

Ein Handbuch für Naturwahrnehmungen an Kleinstgewässern mit Experimenten, Rezepten, Geschichten und spannenden Informationen zur Biologie und Mythologie von Pflanzen und Tieren. Für jede Jahreszeit werden verschiedene Spiele und Wahrnehmungsübungen vorgestellt.

ISBN: 978-3-936286-13-7

Martina Kroth

Von Leuchtfischen und Meerjungfrauen

Kleine Landratten erfahren spielerisch Spannendes und Wissenswertes über den Lebensraum Meer

Kinder holen sich das Meer nach Hause und erforschen Ozean und Küste, Schifffahrt und Wetter, Meerestiere und Seeungeheuer in vielfältigen Spielen, Experimenten, Geschichten, Bastelaktionen und Rezepten.

ISBN: 978-3-936286-35-9

A. u. B. Neumann

Wiesenfühlungen

Das ganze Jahr die Wiese erleben Naturführungen, Wahrnehmungsspiele und Geschichtenbuch

Wiesen sind Orte verschiendenster Geräusche, Gerüche, Farben und auch Gaumenfreuden, die nicht nur unseren Huftieren und Hasen schmecken. Unsere Wiesen sind aber auch Abenteuer- und Spielplätze, Orte der Ruhe und des Sonnenbadens, ein Zauberland, eine Universität und ein Garten.

ISBN: 978-3-931902-89-6

Leonore Geißelbrecht-Taferner

Die Garten-Detektive

Mit vielfältigen Experimenten, Spielen, Bastelaktionen, Geschichten und Rezepten den blühenden Frühjahrsboten auf der Spur

Mit Lupe und detektivischer Spürnase begeben sich Kinder auf die Suche nach Frühjahrsblühern im eigenen Garten und in Feld, Wald und Wiese. Ob Veilchen, Gänseblümchen oder Löwenzahn – alle Pflanzen haben ihre eigenen Besonderheiten und Fähigkeiten, die es zu entdecken gilt.

ISBN: 978-3-936286-58-8

A. u. B. Neumann

Waldfühlungen

Das ganze Jahr den Wald erleben – Naturführungen, Aktivitäten und Geschichtenfibel

Der Wald ist ein Abenteuer – ein Spielplatz, ein Zauberland, eine Universität und ein Garten. Die Bäume erzählen uns Geschichten, die in Sagen, Märchen und Gedichten weitergegeben werden. Aber auch andere Waldbewohner bieten Interessantes und Erstaunliches.

ISBN: 978-3-931902-42-1

K. Saudhoff, B. Stumpf

Mit Kindern in den Wald

Wald-Erlebnis-Handbuch Planung, Organisation und Gestaltung

Es ist den Autorinnen gelungen, aus ihren vielfältigen Erfahrungen in Projekten mit Kinder-Gruppen ein echtes Wald-Erlebnis-Handbuch zusammenzustellen, das von der Planung, Organistion bis hin zur Durchführung zahlreiche Anregungen und Hilfestellungen gibt.

ISBN: 978-3-931902-25-4

A. u. B. Neumann

Wetterfühlungen

Das ganze Jahr das Wetter mit allen Sinnen erleben

In diesem Buch finden Sie Anleitungen für die Wahrnehmung von Wetterphänomenen in Spielen, Projekten und Märchen sowie spannende Informationen. Für jeden Monat werden meteorologische Besonderheiten, Bauernregeln, der Naturkalender sowie Pflanzen und Tiere als Wetterpropheten vorgestellt, die das Interesse an Wettererscheinungen und deren Folgen wecken.

ISBN: 978-3-86702-004-6

B. Hesebeck, G. Lilitakis, S. Schulz, D. Gouder

Mit Robin Hood in den Wald

Waldabenteuer für Kinder: Naturerlebnisse, Tobe- und Geländespiele, Bastelaktionen mit Naturmaterialien, Infos über Pflanzen und Tiere und Geschichten von Robin Hood und seinen Gefolgsleuten

Gelungene Aktionen, spannendes Hintergrundwissen und Checklisten bieten optimale Anregungen für die praktische Arbeit.

ISBN: 978-3-936286-10-6

Die CD

Die beiliegende Arbeits-CD enthält alle Lieder aus dem Buch, sodass sie problemlos mit den Kindern eingeübt werden können.

Track-Nr.	Titel	Komponist/ Bearbeitung	Laufzeit m:s
1.	Weinbergschnecke	Friebel / Kiwit	2:38
2.	Schmetterling	Friebel / Kiwit	1:42
3.	Einbrecher und Kommissar	Friebel / Kiwit	1:42
4.	Züglein, schnauf	Friebel / Kiwit	3:27
5.	Siehst du dort die Schwäne fliegen?	Friebel / Kiwit	1:40
6.	Sägen	Friebel / Kiwit	1:44
7.	Die Mühle	Friebel / Kiwit	1:03
8.	Bergsee	Friebel / Kiwit	1:39
9.	Kannst du	Friebel / Kiwit	1:56
10.	Der Hecht	Friebel / Kiwit	1:09
11.	Die Finger wollen tanzen	Friebel / Kiwit	1:02
12.	Pochpoch	Friebel / Kiwit	1:50
13.	Hoch die Schaukel	Friebel / Kiwit	1:40
14.	Der Kolibri	Friebel / Kiwit	2:11
15.	Wir halten unsre Hände	Friebel / Kiwit	1:42
16.	Wellen	Friebel / Kiwit	1:32
17.	Schnecke, sag	Friebel / Kiwit	1:28
18.	Im Wald	Friebel / Kiwit	3:54
19.	Gut versteckt	Friebel / Kiwit	1:13
20.	Igelherz	Friebel / Kiwit	1:23
21.	Regentropfen, wildes Meer	Friebel / Kiwit	4:03
22.	Eines nur machen	Friebel / Kiwit	1:02

Gesamtspielzeit: 41:50

Arrangiert, produziert, aufgenommen, gemischt und gemastert von Ralf Kiwit im subtone Studio Dortmund / **www.subtone.de**

Mitwirkende:

Stephanie Glasmeyer	Gesang
Uli Schlitzer	Gesang
Irina Bauer	Cello
Klaus Pelz	Bass
Hendrik Horn	Tuba
Petra Marsfeld	Flöten
Reinhold Alexander	Gitarren, Mandoline, Dobro, Geige, Mundharmonika, Banjo, Perkussion
Dieter Herges	Perkussion, Schlagzeug
Ralf Kiwit	Gitarren, Saxofone, Keyboards, Piano, Bass, Xylofon, Vibrafon